기독교 문학과
행복한 글쓰기

기독교 문학과 행복한 글쓰기

초판 1쇄 인쇄 _ 2017년 4월 15일
초판 1쇄 발행 _ 2017년 4월 20일

지은이 _ 김종회

펴낸곳 _ 바이북스
펴낸이 _ 윤옥초
편집팀 _ 김태윤
디자인팀 _ 이정은, 이민영

ISBN _ 979-11-5877-021-1 03230

등록 _ 2005. 7. 12 | 제313-2005-000148호

서울시 영등포구 선유로49길 23 아이에스비즈타워2차 1005호
편집 02)333-0812 | **마케팅** 02)333-9918 | **팩스** 02)333-9960
이메일 postmaster@bybooks.co.kr
홈페이지 www.bybooks.co.kr

책값은 뒤표지에 있습니다.

책으로 아름다운 세상을 만듭니다. ─ 바이북스

* 바이북스 플러스는 기독교 신앙의 본질을 담아내려는 글을 선별하여 출판하는 브랜드입니다.

기독교 문학과 행복한 글쓰기

김종회 지음

머리말

기독교 문학의 발견과
글쓰기의 현장

기독교와 문학은 조화롭게 만날 수 있는가? 이는 기독교인이자 문학평론가로서 필자가 오랫동안 반복하여 질문하고 답변해 온 명제였다. 얼핏 기독교의 배타적 교리와 신본주의는 문학의 보편적 감응력 및 인간중심주의와 상호 대립하고 갈등하는 것처럼 보인다. 그러나 그 양자의 심층적 상관관계에 있어서는 그렇지 않다. 기독교의 하나님 중심주의는 궁극적으로 인간에 대한 사랑과 구원이라는 목표를 포괄하고 있으며, 그것이 문학의 휴머니즘과 다른 바가 있다면 그 목표에 이르는 방식의 차이일 뿐이다.

성경은 그 자체로서 문학적 기술의 성격을 약여하게 갖고 있다. 그러기에 성경을 예언문학, 묵시문학, 지혜문학 등의 호칭으로 부르기도 한다. 또한 시편, 잠언, 전도서, 아가 등은 노랫말의 운율로 되어 있고 룻기, 에스더 등은 단편소설의 형식적 특성을 그대로 구비하고 있다. 다만 문학 속에서 성경에 기술된 문면에 집착하여 그 범주 자체를 신성시하는 태도가 우세하다면, 이는 '종교로서의 문학'일 뿐 '문학의 종교적 성향'이 아닐 위험성이 있다.

찰스 글릭스버그Charles I. Glicksberg가 『문학과 종교』에서 "교의는 진정한 시에서는 그 모습을 나타내지 말아야 한다. 혹 나타낸다 하더라도 교의로서가 아니라 순수한 환상이어야 한다"고 내세운 논리는 바로 이 위험성을 지적한 것이다. 기독교 문학이나 이의 문학적 가치 해명에 다가서려는 독자는 특히 이 점을 고려해야 할 터이다. 이와 같은 기독교와 문학의 변별성 및 상호 관련성에 유의하면서 기독교 문학을 상정할 때, 문학사의 토양 위에서 기독교의 교리 또는 정신은 문학사를 풍성하게 하고 그 토양을 북돋우는 자양분이 될 수 있다.

더욱이 우리 문학에 있어서 하나의 취약성으로 지목되는 '사상을 담은 문학'이라는 문제와 관련해서는, 기독교 문학에 걸 수 있는 기대치가 만만치 않다. 이 책의 1부는 그러한 생각으로 일관하여 우리 문학, 더 나아가 세계문학사에 맺은 기독교 문학의 열매들을 추수해 본 소박한 수확의 기록이다. 곧 필자가 작품 내부의 감동과 가치 및 기독교 정신을 뒤따라가며 읽은 독서의 결과이며, 때로는 '전문적인 독자'의 시각에서 세계문학사에 기록된 주요한 작가들의 작품에 정치하게 접근해 본 소략한 비평문이기도 하다.

2부와 3부의 글은 필자 자신의 신앙고백을 담고 있기도 한데, 그 부족한 것에 문필의 옷을 입혀 내놓는 셈이어서 매우 부끄럽고 조심이 된다. 2부에서는 첫 신앙 에세이집 『황금 그물에 갇힌 예수』(국민일보사, 1997) 이래 단속적으로 써 온 글들을 묶었다. 이 가운데는 도서출판 두란노에서 청소년의 신앙 성장을 위해 간행하던 월간지 『새벽나라』의 '비전심기'라는 코너에 연재한 글이 여러 편 있다. 3부는 저자의 삶 속에서 가까이 또 직접적으로 만난 믿음의 현실과 사람들, 가족 이야기, 또 믿음의 고백들을 겸허한 마음으로 한데 꾸렸다.

일생을 두고 공부해가는 문학 속에서 거저 주어진 은혜로 기독교 신앙을 만나고 그것을 글로 쓰게 하신 분, 일상생활 속의 생각과 혼자만의 소회 또는 감동을 용기를 내어 열어 보이게 하신 하나님께 깊은 감사와 찬양을 드린다. 그리고 이를 한 권의 소담스러운 책으로 묶어주신 도서출판 바이북스에 고마움을 잊지 않고 있다. 이와 같은 실제적인 삶 속의 문학과 글쓰기와 신앙 이야기를 함께 공유해주시는 미래의 독자들께도 미리 감사드린다.

2017년 3월, 고황산 자락 교수회관에서

지은이 김종회

차 례

머리말 • 4

I.
낮은 마음으로 읽는
기독교 문학

1. 사후세계의 벽을 허문 지고한 사랑 _단테, 『신곡』• 15
2. 천성문을 향한 삶의 길, 신앙의 길 _존 버니언, 『천로역정』• 21
3. 알리사가 그 길로 간 까닭은 _앙드레 지드, 『좁은 문』• 26
4. 인간의 영혼을 건 신과 악마의 한판 승부 _괴테, 『파우스트』• 31
5. 순결한 어린 영혼의 교훈 _R.M.릴케, 「아기 크리스트」• 37
6. 우리 안의 두 속성, 이성과 감성의 조화 _헤르만 헤세, 『지성과 사랑』• 42
7. 기독교 박애주의와 곤고한 영혼의 갱생 _톨스토이, 『부활』• 47
8. 사랑이 러시아와 세계 전체를 구제하는 힘 _도스토옙스키, 『죄와 벌』• 52
9. 윤리적인 죄의 결과와 참회의 길 _너세니얼 호손, 『주홍글씨』• 57
10. 마음의 선물과 작은 것의 아름다움 _O.헨리, 「크리스마스 선물」• 62
11. 유랑민 근성과 창조주의 눈 _황순원, 『움직이는 성』• 67

12. 하나님의 주권과 믿음의 본질 _ 최인훈, 「라울전」 • 72
13. 믿음, 보지 못하는 것들의 증거 _ 이청준, 「낮은 데로 임하소서」 • 77
14. 네 하나님이 어디 있느냐? _ 엔도 슈사쿠, 「침묵」 • 82
15. 원죄의 결빙을 녹이는 용서의 미학 _ 미우라 아야코, 「빙점」 • 87

II.
행복한 글쓰기와
글읽기의 나눔

1. 사람은 무엇으로 사는가 • 95
2. 두 여자의 아이 다툼 • 99
3. 가을의 기도 • 104
4. 느헤미야와 신경숙 • 109
5. 시간이 없어요 • 114
6. 고난 딛고 헌신에 이른 그들 • 118
7. 평전의 기술에 이른 사도 베드로 연구 _ 김종수, 「물 위를 걸은 어부」 • 123
8. 선한 사마리아인 • 128
9. 새해 새 소망을 위하여 • 133

10. 뿌리 깊은 신앙 • 138
11. 그대가 나라를 사랑하는가? • 143
12. 용서하는 자의 영광 • 148
13. 아직 주님을 모르는 젊은 영혼에게 • 153
14. 기도와 응답의 길목에서 • 158
15. 선한 목적에 선한 열매 • 162

Ⅲ.
믿음으로
걷는 좁은 길,
삶의 자리

1. 역사와 문명을 살리는 복음의 능력 _동아프리카에 파송된 선교사들과 그 사역 • 169
2. 백성 중에 모든 병과 약한 것을 고치시니 _새로운 인술의 창조, 경희 동서신의학병원 • 176
3. 올곧은 믿음의 길이 있는 교회 • 182
4. 삶과 믿음과 문명비평의 큰 그림 _고 이원설 박사님을 회고하며 • 186
5. 기도의 약속 • 192
6. 아직 연약한 네 날개를 위하여 • 197
7. 나의 문학 나의 신앙 _모든 것을 아신다. 그러나 기다리신다 • 202

"오호라 나는 곤고한 사람이로다.
이 사망의 몸에서 누가 나를 건져내랴.
우리 주 예수 그리스도로 말미암아 하나님께 감사하리로다."

(롬 7:24~25)

I

낮은 마음으로 읽는 기독교 문학

단테는 이 작품에서 특히
청빈의 미덕을 강조했다.

그것은 물욕과 명예를 탐하던 당대 성직자들에 대한
준열한 책망을 내포하고 있다.

1.
사후세계의 벽을 허문
지고한 사랑

단테, 『신곡』

　기독교 신앙에 바탕을 둔 초현실적인 스토리로써 인간 구원에의 의지를 추구한 걸작 『신곡』은, 호머의 서사시 그리고 괴테의 『파우스트』와 더불어 이 부문의 수발(秀拔)하고 위대한 고전문학으로 손꼽히고 있다.

　『신곡』은 단테의 여러 작품 가운데서도 그가 평생을 두고 온 정열을 바쳐 완성시킨 대표작이며, '중세에서 르네상스에 걸친 최고의 걸작', '중세 1천 년 역사의 표출', '이탈리아 사회의 서사시' 등 여러 호명(呼名)을 달고 있다.

　이 작품은 지옥편, 연옥편, 천국편의 3부로 이루어져 있으며 모두 1백 장(章)에 달하고 3행시 형식으로 되어 있다.

　미켈란젤로는 《최후의 심판》으로 『신곡』을 표현하였고, 시뇨렐리와 같은 많은 화가들이 이를 소재로 작품을 제작하였다. 이처럼 이 저술은 서구의 르네상스 문화를 꽃피우는 데 큰 영향을 미쳤다.

단테는 13세기 유럽에서 가장 번성했던 도시국가 피렌체에서 1265년에 태어났다. 소년 시절부터 시를 좋아했으며 특히 베르길리우스에게서 많은 영향을 받았다.

단테의 생애에 보다 더 결정적인 영향을 미친 인물은 베아트리체라는 이름을 가진 아름다운 여자였는데, 그는 이 여자를 9세에 만나 그녀가 24세로 요절할 때까지 아니 영원히 사랑했다. 베아트리체의 죽음에 접함으로써 단테는 문학의 길로 들어섰으며 그녀에 대한 영원한 사랑의 추구는 마침내 『신곡』을 산출하는 실마리가 되었다.

단테는 서른 살 나던 1295년 젬마 도나티와 결혼하여 3남 2녀를 두었는데, 두 딸 중 하나에게 베아트리체라는 이름을 지어주었다.

『신곡』에는 단테 자신이 주인공으로 등장한다. 그 자신의 모습이 명확하게 묘사되어 있지는 않으나, 등이 약간 굽고 살결이 검은 편에 곱슬머리여서, 피렌체 사람들은 『신곡』의 첫머리 지옥편을 연상하면서 그를 가리켜 '지옥의 불에 탄 사람'이라는 말을 했다고 한다.

지옥편은 1300년 4월 단테가 35세 되던 봄에 길을 잃고 어두운 산속을 헤매다가 자신이 스승이라고 믿는 로마의 대시인 베르길리우스를 만나고 그에 의해 지옥으로 인도되는 내용을 담고 있다.

지옥의 구석구석을 구경하고 21시간 만에 다시 지상으로 돌아왔다가, 다음으로 천국과 지옥 사이에 있다는 연옥을 찾아간다. 이 연옥편은 3일간의 일정으로 되어 있으며, 연옥은 교회에서 죄를 범한 죄인과 경범자들이 천국에 들어가려고 기다리는 곳으로 설명되어 있다.

마지막 천국편에서 단테는 베아트리체를 만나고 그녀의 안내를 받는다. 거기에서의 3일은 밤이 없는 광명의 세계로서, 하루가 3일로 계속된다. 그곳은 광명·춤·노래로 채워져 있어 더없이 안락한 그야말로 천국의 모습이다.

『신곡』의 3장은 기독교의 삼위일체 신앙을 표상한다. 이는 단테의 열렬한 신앙심을 반영하고 있다. 단테는 이 작품에서 특히 청빈의 미덕을 강조했다. 그것은 물욕과 명예를 탐하던 당대 성직자들에 대한 준열한 책망을 내포하고 있다. 또한 단테는 이 무렵 고질적인 병폐가 되었던 전체주의에 반대하여 개인주의의 확장 및 인간의 존엄성 확립에 대한 신념의 기치를 높이 들었다.

『신곡』은 중세의 보편적 언어였던 라틴어가 아닌, 이탈리아어로 집필되었다. 이로써 우리는 민족국가의 독립과 민족 언어에 대한 사랑을 표현하는 단테의 애국심을 읽을 수 있다.

인간의 운명, 사랑에 대한 집착과 승리를 단테는 베아트리체라는 인물을 통하여, 그리고 기독교 신앙을 조력자요 원군으로 하여 영원의 차원에까지 승화시켰다. 한 여인에 대한 숭고한 사랑과 이와 병행되는 나라 사랑 및 신앙의 투철함이 『신곡』을 세계문학사의 서두에 기록하게 한 추동력이 되었다.

　오늘날의 신앙적 삶에 있어 『신곡』은 천국과 지옥의 관념에 절실하고 생생한 구체성을 부가함으로써 중요한 역할을 감당하고 있다. 다만 연옥의 존재 문제에 대해서는 천주교와 개신교의 신학적 입장 차이가 현저하여, 일방적인 결론에 이를 수 없는 형편이다. 사후세계의 인식에 대한 관심이 있는 기독교인은 누구든 모름지기 읽어두어야 할 저술이다.

『신곡』에는 단테 자신이 주인공으로 등장한다.

이 책은 종교적 신성과 세속적 현실을 함께
포괄하고 있으며, 그 장대한 서사성과 소설적 재미는

우리로 하여금 신앙과 문학을 입체적으로
판독할 수 있는 즐거움을 누리게 한다.

2.
천성문을 향한 삶의 길, 신앙의 길

존 버니언, **『천로역정』**

인간의 삶을 여행의 도정에 비추어보고 이를 시로 노래하거나 소설 작품으로 형상화 한 사례는 무수히 많다. 아마도 이는 우리의 삶과 일시적 여행이 여러 면에서 본질적으로 닮아 있기 때문일 터이다.

세계문학사의 갈피갈피를 헤집어볼 때 지천으로 널려 있는 이 여행 테마의 문학 가운데 매우 감성적인 색채가 강한 것으로 헤르만 헤세의 시편들을 들 수 있겠다. 그의 시 「흰 구름」의 문면을 인용해보자.

> 보라
> 오늘도 흰 구름은 간다.
> 잃어버린 고운 노래의 고요한 멜로디와도 같이

저 하늘을 간다.

방랑의 긴 여로에서

나그네의 온갖 슬픔과 기쁨을 맛본 마음이 아니고는

저 구름의 뜻을 알지 못하리라.

나는 하늘과 바람과 구름과 같이 하이얀 것

흘러가는 것을 좋아한다.

그것은 고향 잃은 나그네의 누이이며 천사이기에.

기실 헤세의 이 시는 『데미안』이나 『지성과 사랑』을 비롯한 그의 교양소설 전반의 의미를 함축하고 있다 하겠거니와, 인생과 여행을 감각적으로 빗대어보면서 우리 가슴속에 숨은 심금의 줄 여러 가닥을 한꺼번에 탄주하는 위력을 발휘한다. 그러기에 우리는 불혹의 나이가 지나서도 그의 시 몇 구절에 쉽사리 공감하고 감동한다.

그런데 정작 중요한 것은, 이러한 감성적 조력자로서의 시는 우리의 몸과 혼의 갈급을 충족시킬 수 있을지언정, 영적인 공복감까지 해소해주지 못한다는 사실이다.

그래서 그 자리에 묵시문학, 예언문학, 지혜문학으로서의 성경을 가져오는 셈인데 성경 자체가 하나의 거대한 문학 텍스트라는 점은 의심의 여지가 없다. 하지만 아무래도 성경은 엄숙한 종교적 경전이지 문학의 맨얼굴이 아니다.

문학적 감성과 더불어 영적 차원의 품성, 곧 영성을 동시에 끌어안은 저술은 없을까? 있다면 또 어떤 것일까?

이 질문을 위한 대답은 이미 지금으로부터 339년 전에 제시되었다. 영국의 문인이요 목회자인 존 버니언이 1678년에 제1부를 발표한 『천로역정The Pilgrim's progress』이 그것이다.

1628년 영국 베드포드 인근에서 가난한 땜장이의 아들로 태어난 버니언은 초등학교의 학력밖에 없었지만, 풍부한 감정과 상상력의 주인이었다. 때로는 신을 모독하는 언사를 내뱉기도 했고 스스로 만든 공상에 시달리기도 했는데, 특히 최후의 심판과 지옥의 광경을 마음속에서 떨쳐버리지 못했다.

그가 이러한 악습을 이기고 경건한 신앙심을 갖게 된 것은 성경과의 진실한 만남을 통해서였다. 『천로역정』은 이러한 배경 아래 탄생되었으며, 영국 문단에 일대 파란을 불러와 영문학 사상 성경 다음으로 많이 읽히는 작품이 되었다.

이는 종교적 우의설화寓意說話의 형태를 띠고 있으며, 원제를 그대로 옮기면 '이 세상에서 저 세상으로 가는 순례의 발자취'라고 번역해야 옳을 것이다. 기독교 정신과 성경의 교훈을 저변에 깔고 있으면서 활달한 문학적 산문 정신을 보여주고 있으며, 삶의 여러 절목과 개념들을 구체성을 가진 인물처럼 의인화하여 가독성可讀性을 높이고 있다.

버니언은 제1부를 발표한 지 6년 후인 1684년에 제2부를 출간하였다. 제1부는 버니언 자신의 체험을 말하는 형식으로 되어 있으며, 주인공 크리스찬이 처자식을 버리고 등에 무거운 짐을 진 채 하나님의 나라를 향해 가는 이야기다. 제2부는 제1부의 주인공 크리스찬이 남기고 간 아내 크리스티아나와 네 아들이 '자비'라는 처녀와 함께 같은 길을 따라가는 이야기다.

이 여정에서 발생하는 온갖 고난을 비유와 상징의 기법으로 표현함으로써 이 책은 종교적 신성과 세속적 현실을 함께 포괄하고 있으며, 그 장대한 서사성과 소설적 재미는 우리로 하여금 신앙과 문학을 입체적으로 판독할 수 있는 즐거움을 누리게 한다.

이와 같은 작품을 쓰는 능력이나 이처럼 원숙한 신앙적 차원의 배양은 그야말로 드문 일이므로, 우선 이 수발한 저술을 직접 읽어 나가는 것부터 시작해보면 어떨까?

주인공 크리스찬이 처자식을 버리고 등에 무거운 짐을 진 채 하나님의 나라를 향해 가는 이야기다.

3.
알리사가
그 길로 간 까닭은

앙드레 지드, **『좁은 문』**

세상을 살아가면서 우리는 수시로 무엇인가를 선택하지 않으면 안 되는 기로에 선다. 그러한 상황을 중요하고 긴박하게 생각하여 이를 시로 읊은 시인 가운데 프로스트Robert Frost가 있다.

그의 시 「가지 않은 길」을 옮겨보자.

> 노란 숲속에 길이 두 갈래로 났었습니다.
> 나는 두 길을 다 가지 못하는 것을 안타깝게 생각하면서
> 오랫동안 서서 한 길이 굽어 꺾여내려간 데까지
> 바라볼 수 있는 데까지 멀리 바라보았습니다.
> 그리고 똑같이 아름다운 다른 길을 택했습니다.
> 그 길에는 풀이 더 있고 사람이 걸은 자취가 적어,
> 아마 더 걸어야 될 길이라고 생각했던 게지요.

그 길을 걸음으로, 그 길도 거의 같아질 것이지만.
그날 아침 두 길에는 낙엽을 밟은 자취는 없었습니다.
아, 나는 다음날을 위하여 한 길은 남겨두었습니다.
길은 길에 연하여 끝없으므로 내가 다시 돌아올 것을 의심하면서
훗날에 나는 어디선가 한숨을 쉬며 이야기할 것입니다.
숲속에 두 갈래 길이 있었다고,
나는 사람이 적게 간 길을 택하였다고,
그리고 그것 때문에 모든 것이 달라졌다고.

구태여 해설을 부가하지 않더라도 이 시는 선택적 삶의 운명과 그 결과에 대한 회한을 노래한 절창이다.

이 준엄한 삶의 법칙에 종교적 잣대를 들이대면 어떻게 될까? 미상불 신앙생활이란 일상적인 삶에 비해 훨씬 더 많이 하나를 버리고 다른 하나를 선택해야 하는 결단의 연속이다. 기독교 교리의 바탕 위에 서서 선택적인 삶과 사랑의 문제를 다룬 고전적 소설, 그것이 바로 앙드레 지드의 『좁은 문』이다.

이 소설은 1893년 지드가 알제리를 여행하면서 경험한 바를 쓴 것이다. 여기에는 제롬과 알리사라는 두 순정한 남녀 주인공이 등장한다. 알리사의 모델은 지드의 순결한 부인 마들렌이다. 작품의 알리사는 제롬의 외사촌 누이이다. 이들이 자라나면서 친족 간의 애정은 뜨거운 이성 간의 사랑으로 발전한다.

그녀는 인간의 사랑보다 더 성스러운 신과의
사랑을 완성하기 위해,
사랑의 고통을 감수하며 '좁은 문'을
선택했던 것이다.

어머니가 다른 남자를 따라 도망쳐버린 알리사를 보며 제롬은
성경 말씀을 생각한다. "좁은 문으로 들어가라. 멸망으로 인도하
는 문은 크고 그 길이 넓어 그리로 들어가는 자가 많고 생명으로
인도하는 문은 좁고 길이 협착하여 찾는 이가 적음이니라"는 말씀
에 기대어 자신이 들어가야 할 좁은 문은 곧 알리사의 방문이란 생
각을 갖는다.
  그러나 알리사의 생각은 다르다. 제롬을 사랑하지만 그와의 이
성적인 접촉을 거부한다. 알리사는 제롬에게 자신들이 행복해지기
위해서 세상에 태어난 것만은 아니라고 말한다. 행복 외에 무엇을
더 바라느냐는 제롬의 질문에 알리사는 낮은 목소리로 대답한다.
  "성스러움이지…."
  사실 알리사의 여동생 줄리엣도 제롬을 사랑하고 있었는데, 알
리사는 이들을 결합시키려 하나 무위로 끝난다. 결국 알리사는 제
롬과 그의 헌신적인 사랑을 남겨둔 채 요양원으로 들어가 생활하

숲속에 두 갈래 길이 있었다고,
나는 사람이 적게 간 길을 택하였다고,
그리고 그것 때문에 모든 것이 달라졌다고.

다 거기서 목숨을 잃는다. 그녀는 인간의 사랑보다 더 성스러운 신과의 사랑을 완성하기 위해, 사랑의 고통을 감수하며 '좁은 문'을 선택했던 것이다.

성녀 알리사의 선택은 고난의 좁은 문에 예비된 순결한 정신적 사랑이었던 셈인데, 문제는 뒤에 혼자 남은 제롬을 어떻게 할 것인가에 있다. 그 다른 영역의 상기는 실로 가슴 아픈 일이 아닐 수 없다. 그러기에 하나의 선택과 결단 뒤에는 남모르는 희생이 숨어 있는 경우가 많은 것이다. 제롬만이 희생된 것이 아니라, 어떤 의미에서는 알리사가 더 크게 자신을 희생했다고 할 수 있겠다. 그러나 그 희생은 정신적 차원의 가치를 더욱 증폭시키고 있다.

날로 혼탁해져가고 죄악이 관영한 이 세상에서 지드의 『좁은 문』은 우리로 하여금 남들이 가지 않는 길, 좁은 문의 선택이 왜 소중한가를 적극적으로 설명해주고 있다.

4.
인간의 영혼을 건
신과 악마의 한판 승부

괴테, 『**파우스트**』

   서구 문학의 두 줄기를 이루는 헬레니즘과 헤브라이즘은, 각각 그 발원을 그리스·로마 신화와 성경에 두고 있다. AD 313년 밀라노 칙령 이후에 로마에서 기독교가 공인되면서 로마 문화의 강력한 영향력이 기독교 문화의 외곽에 작용하기 시작했고, 오늘날 우리가 목도하는 서구 문화는 이 두 요소의 상호융합적인 성격을 보여주는 사례가 적지 않다.
   좀 더 풀어서 말하자면, 헬레니즘의 인본주의적 상상력이 헤브라이즘의 신본주의적 절대 규범과 악수하면서 제작된 예술작품이 적지 않다는 것인데, 괴테의 『파우스트』는 그 대표적인 경우에 해당한다.
   괴테 일생의 대작 『파우스트』는 1831년에 완성되었다. 제1부가 나오기 전에 쉴러의 권유로 새로운 장면들이 추가되기도 하고, 제

파우스트의 자각과 선행은 마침내 악마에게
패배를 안겨주고 신의 승리를 가능하게 했다.
그는 구원을 받은 것이다.

1부가 나온 뒤 오랜 공백 기간을 거친 다음 영국의 시인 바이런이 그리스 독립전쟁에서 전사한 것에 자극을 받아 제2부가 집필되는 등의 문학사적 에피소드도 갖고 있는 작품이다.
　이 소설의 소재는 16세기 후반 독일에 널리 유포되어 있던 파우스트 박사의 전설, 요컨대 인본주의적 상상력으로부터 차용되어 왔다. 그 전설은 다음과 같다.
　가난한 농부의 아들인 파우스트는 신학을 공부하고 신학박사가 되었으나 여기에 만족하지 않고 천문, 수리, 마술 등 모든 학문에 손을 댄다. 그러다가 마법으로 악마를 불러내어 24년간의 기간을 두고 모든 지식과 쾌락을 얻는 대신, 24년 후에는 자신의 영혼과 육체를 악마에게 넘기기로 약속한다. 파우스트의 친구는 그에게 기독교 신앙으로 돌아가기를 권하지만, 파우스트는 24년 후 결국 지옥의 구렁텅이로 떨어지고 만다.
　이상과 같은 파우스트 박사의 전설을 기초로 하여 대작 『파우스트』는 시작된다. 그러나 괴테는 이 소설을 전설의 이야기처럼 몰고 가지 않는다. 소설의 파우스트 박사는 멸망에 이르지 않고 구제를 받는다. 이 요점적인 대목은 바로 헤브라이즘의 규범적 사상 체계에 의거해 있다.

이 소설에서 파우스트의 영혼을 두고 맞서는 계약 당사자는 주님과 악마 메피스토펠레스이다. 이야기의 진행도 주님의 인간구원의 역사 아래에 편입되어 있다.

제1부의 파우스트는 삽살개로 둔갑한 악마에게 이렇게 말한다. "모든 지식에 대해 나는 구역질을 느끼고 있다. 그러니 관능의 심연 속에서 타는 듯한 정열을 느끼게 해다오. 죽고 난 다음의 일은 어떻게 되든 상관이 없다." 파우스트는 마지막 한 방울의 피로 악마에게 서명해주고, 마법의 약을 먹고 젊음을 되찾는다.

악마의 의도는 그를 관능적 사랑에 침윤하게 한 다음 파멸로 이끄는 것이었는데, 파우스트는 그 의도대로 그레트헨이란 여자를 유혹하여 임신시키고 마침내 그녀의 어머니와 오빠를 죽게 만든 다음 그녀까지도 사형을 당하게 한다. 그녀는 주님의 뜻을 따르는 여자였다.

악마는 그녀의 죽음에 대해 '심판받았다'라고 하지만, 천국에서는 '구원받았다'라고 한다. 파우스트는 제1부의 마지막에 이르러서야 비로소 주님의 뜻에 대한 자각에 이른다.

그러나 제2부의 파우스트는 한결 달라진다. 곤궁으로 어려워진 나라를 위해 애쓰는 간척자가 되기도 하고 인류의 미래를 위해 과감히 싸우는 인간의 모습으로 변모하기도 한다.

물론 악마의 손길이 무방비로 쉬고 있을 리 없다. 파우스트의 숭고한 노력은 실패하고 마침내 실명에까지 이르게 되지만, "나는 자유로운 땅 위에서 자유로운 백성과 더불어 서고 싶다"라고 말하며 죽는다.

파우스트가 죽자 악마가 그의 영혼을 빼앗으려 하지만, 천사들이 내려와 파우스트의 영혼을 천국으로 데려간다. 파우스트의 자각과 선행은 마침내 악마에게 패배를 안겨주고 신의 승리를 가능하게 했다. 그는 구원을 받은 것이다.

파우스트의 구원은 괴테를 통해 제시되었지만, 이는 주님의 제자인 기독교인 모두가 승리와 구원에 이르는 길을 어떻게 찾을 것인가를 암시하는 보편성을 갖는다. 이를테면 신앙의 자각과 실천을 열심으로 도모하지 않고서는 광명의 길에 이르기 어렵다는 가르침이 그 가운데 있다. 하나님이 인간에게 주신 자유의지는, 그토록 소중한 선물이다.

동시에 소설 속의 하나님은 그레트헨의 사랑을 통해 이 영혼의 싸움에 강력한 도우심과 붙드심의 상징을 나타냈다. 우리도 할 수만 있다면 그레트헨과 같은 사랑의 병기로 아름다운 역할을 감당하는 자리에 있어야겠다.

파우스트는 마지막 한 방울의 피로 악마에게 서명해주고,
마법의 약을 먹고 젊음을 되찾는다.

우연히 엘리자베스의 모습을 본 거지 아이들이,
크리스마스가 되면 거리에 나타난다는

아기 예수를 보았다고 믿는 것은
결코 우연한 일이 아니다.

5.
순결한 어린
영혼의 교훈

R.M.릴케, 「**아기 크리스트**」

릴케는 익히 알려진 바와 같이 독일을 대표하는 시인이다. 그가 「아기 크리스트」라는 짧은 소설을 썼을 때, 이 소설이 시적인 서정성의 분위기로 이루어져 있음은 결코 이상한 일이 아니다.

릴케는 1875년 프라하에서 출생했다. 오스트리아의 육군 유년학교를 중퇴하고 프라하, 베를린, 뮌헨 등지의 대학에서 청강했다. 그가 시를 쓰기 시작한 것은 린츠의 상업전문학교에 재학 중인 시기였으며, 1894년 『인생과 노래』라는 소시집을 냈다. 1896년부터 본격적인 시 창작을 시작하여 『꿈의 관』, 『강림절』 등의 시집을 출간했으며, 소설과 희곡도 여러 편을 썼다.

러시아를 두 번 여행했고, 이 여행의 체험을 바탕으로 초기 시의 서정적 감상과 우수에 깊은 종교성의 색채를 가미하게 된다. 『신들의 이야기』, 『형상시집』, 『사도시집』 등은 곧 그러한 경향을 잘 나타내는 시들로 묶여 있다.

그 이후 파리의 조각가 로댕과 교유하면서 그의 비서로 일하기도 했다. 여기서 예술적 조형력과 신비를 깨우쳤고 사물의 내적 본질에 육박하는 내포적 인상주의의 한 유파를 이룩하게 되어, 『신시집』과 『신시집 별권』을 냈다.

유럽 각지를 방랑하기도 했으며 이때 한 영혼의 변화를 아름답게 그린 『말테의 수기』를 발표했다. 『말테의 수기』는 그의 이름을 세계문학사에 확고히 정초하게 한 작품이 되었으며 엄밀한 독일 산문의 전형으로 지칭되고 있다.

제1차 세계대전 참전 후에는 실존의 불안과 우주의 유구성, 무상과 영원을 노래한 『오르포이스에게 바치는 소네트』, 『두이노의 비가』 등을 펴냈으며, 1926년 51세의 나이로 세상을 떠났다.

'햇빛은 먼지까지도 보석처럼 빛나게 한다'며 빼어난 감수성과 관찰력을 자랑하던 릴케가 쓴 짧은 소설 「아기 크리스트」는 다음과 같은 줄거리를 가지고 있다.

어린 엘리자베스가 죽었다. 산림 감시인의 딸인 엘리자베스는 크리스마스 날까지 계모의 학대에 시달려야 했던 불쌍한 소녀였다. 딸을 불쌍하게 여긴 아버지가 얼마간의 돈을 주자, 그것으로 크리스마스 장식과 양초를 사서 숲속의 마돈나 석상 앞에서 혼자만의 크리스마스 축하행사를 치른다. 그러나 그 추위 가운데 마돈나의 품안에서 잠들었던 엘리자베스는 숨을 거두고 만 것이다. 숲

속에서 작은 크리스마스 축제를 벌이던 엘리자베스의 모습을 우연히 본 거지 아이들에게는, 그것이 아기 예수의 모습으로 남아 있다.

이 작품은 아주 쉽게 안데르센의「성냥팔이 소녀」를 연상하게 한다. 다른 사람들이 축제를 즐기고 있을 때에도 고난을 겪어야 하는 어린 소녀, 소녀가 환상 속에서 맛보는 행복, 그리고 그 속에서의 죽음. 이와 같은 줄거리는 매우 비극적인 것이지만 또 그런 만큼 아름다운 동화의 세계를 만들어낸다.

기본적으로 이 작품은 어른들의 세계와 어린이들의 세계를 대립적으로 조형해 보이고 있는데, 순결한 어린아이를 희생시키는 어른들의 세계를 공격하는 것이지만 그 공격은 직접적이지 않고 날카롭지도 않다. 그러하기 때문에 우리는 엘리자베스에게서 부지불식간에 전이되어 오는 사랑과 평화의 힘을 깨우치게 된다.

마지막 대목에서 우연히 엘리자베스의 모습을 본 거지 아이들이, 크리스마스가 되면 거리에 나타난다는 아기 예수를 보았다고 믿는 것은 결코 우연한 일이 아니다. 예수가 죄 없이 고통을 받으며 죽어야 했듯이, 엘리자베스 역시 죄를 모르면서도 어른들의 죄 때문에 고통을 받고 죽어야 했던 것이다.

오늘날 우리 주변 처처에는 이와 동일한 엘리자베스들이 지천으로 널려 있다. 우리는 따뜻한 난로와 밝고 깨끗한 실내의 불빛 아래에서, 이들이 다가오기를 기다리고만 있어서는 안 될 터이다. 우리 스스로 문을 열고 이들을 영접해 들이고 위로하고 대접할 때, 예수는 성경에서 그것이 곧 당신에게 한 것으로 인정하겠다고 했다. 징글벨의 가락이 넘치는 크리스마스의 건너편에 이토록 쓸쓸하고 깊은 슬픔에 잠긴 크리스마스도 있음을 잊어서는 안 되겠다.

딸을 불쌍하게 여긴 아버지가 얼마간의 돈을 주자,
그것으로 크리스마스 장식과 양초를 사서 숲속의
마돈나 석상 앞에서 혼자만의 크리스마스 축하행사를 치른다.

6.
우리 안의 두 속성,
이성과 감성의 조화

헤르만 헤세, **『지성과 사랑』**

'잃어버린 고운 노래의 고요한 멜로디와도 같이 하늘을 가는 흰 구름'을 '고향 잃은 나그네의 누이이며 천사'라고 노래한 헤르만 헤세의 시적 감수성은, 참으로 여리고 섬세하다. 그러나 그의 시와 소설이 보이는 감성적 반응이 즉흥적이고 밑동이 약한 심정적 차원에 머물렀다면, 동북아의 작은 나라에서 21세기의 초반을 보내고 있는 우리는 그의 이름을 몰랐을지도 모른다.

사람은 누구나 자유로운 정신의 흐름인 '감성'과 논리적 사고형태인 '이성'을 함께 붙들고 살아간다. 그래서 그리스 신화에서는 태양의 신 아폴론과 술과 도취의 신 디오니소스를 병치시키고, 『채근담』의 글귀에서는 정靜과 동動의 조화를 통해 삶의 완급을 조절하는 지혜를 가르친다.

헤세가 쓴 장편소설 『지성과 사랑』은 바로 이 두 가지 품성이 어떤 상호관련성과 보완성을 가지고 있으며, 우리가 이를 어떻게 받아들여야 할 것인가를 말하고 있다.

이 소설은 어린 시절 운명적으로 만난 두 주인공 골드문트와 나르치스가, 한 사람은 방랑자로 또 한 사람은 사제司祭로 주어진 행로를 걸어가면서 마지막 대목에서 다시 운명적 만남을 이루기까지, 그들의 이름으로 준비된 백지 위에 어떤 채색을 남겨놓았는가를 추적한다.

나르치스의 삶은 신념과 확신에 찬, 그리고 절대자를 향한 동력선을 일그러뜨리는 법이 없는 교과서적인 것이다. 반면에 골드문트는 정해진 격식과 경로의 온당함 및 안일함을 거부하고 분방한 상상력과 본연의 욕구에 따라 자의적인 삶을 꾸려간다.

이때 중요한 사실은 이 두 삶의 방식 가운데 어느 한쪽이 무리하게 일축될 수 없다는 점이다. 두 가지의 캐릭터가 한 인간이 가진 내면적인 모습의 분화된 형상이라고 한다면, 나르치스가 없는 골드문트나 반대로 골드문트가 없는 나르치스는 한 인격의 완성된 개체라는 형태로 표현되기가 어렵다.

말하자면 이들은 한 인격 내면의 변별적인 두 성향이지, 서로 다른 두 사람의 대립적인 성격이 부딪치는 방식의 표본은 아니라고 할 수 있다.

우리 작가 가운데서도 일찍이 이상李箱이 불후의 단편소설 「날개」를 통하여 이와 유사한 소설 문법을 보여준 적이 있다. '나'와 아

오랜 마음의 벗에게 건네는 따뜻한 사랑의 손길,
그 속에 세상을 향한 하나님의 사랑이
담겨 있기 때문이다.

내로 대립되어 나타나는「날개」의 두 주요 인물은 역시 한 인간 내면의 두 가지 속성, 곧 본래적 자아와 일상적 자아를 분화하고 변별해놓은 경우라는 설명을 부가할 수 있는 것이다.

스스로의 삶을 온전하고 품위 있는 것으로 꾸려나가기를 원하는 사람들, 애잔한 서정과 굳센 의지를 함께 지니며 살기를 원하는 사람들에게 있어서『지성과 사랑』은 예인등대의 불빛처럼 하나의 길잡이가 될 수 있다. 감성과 이성의 존재를 직시하면서 그 가닥들을 슬기롭게 조정하고 간수할 수 있을 때, 우리 내부에 있는 불같이 뜨거운 격정이나 칼날같이 날카로운 냉담도 우리로 하여금 그 부정적인 측면의 굴레를 둘러쓰는 일로 침몰하지 않게 할 것이다.

회색빛 도시문화의 와중에서 사각형으로 구획 지어진 삶의 공간을 벗어나기 어려운 우리에게, 오염되지 않은 감성과 이성을 회복하도록 해주는 계기는 결코 흔치 않다.

어느 사이에 우리는 석양에 물든 저녁놀을 바라보며 옛 꿈을 생

스스로의 삶을 온전하고 품위 있는 것으로
꾸려나가기를 원하는 사람들,
애잔한 서정과 굳센 의지를 함께 지니며
살기를 원하는 사람들에게 있어서
『지성과 사랑』은 예인등대의 불빛처럼
하나의 길잡이가 될 수 있다.

각하거나 길섶의 이름 모를 풀꽃에서 우주를 보는 심성의 풍요로움 또는 자유로움을 잃어버렸다.

헤세는 『지성과 사랑』을 통해 그 잃어버린 귀한 품성을 다시금 되살리며 빛나게 하는 촉매제와 유약을 보여주었다. 그것은 사랑이요 우정이며, 무엇보다도 방랑자 골드문트가 성모상에서 발견하는 '영원한 어머니'이다.

골드문트가 질문이라면 나르치스는 해답이다. 그 해답은 종교적 신성으로 차폐되어 있지 않다. 오랜 마음의 벗에게 건네는 따뜻한 사랑의 손길, 그 속에 세상을 향한 하나님의 사랑이 담겨 있기 때문이다. 이 작품을 굳이 '기독교 문학'에 상정하는 이유도 거기에 있다.

7.
기독교 박애주의와
곤고한 영혼의 갱생

톨스토이, 『부활』

　19세기 러시아의 문학을 대표하는 레프 니콜라예비치 톨스토이는, 작가라기보다는 사상가라고 불러야 옳을지도 모른다.
　그의 광활하고 수준 높은 문학과 더불어 러시아 문학은 세계문학의 중심부로 진입하였으며, 그러기에 그는 도스토옙스키와 함께 러시아문학사 또는 세계문학사에 있어서 어느 누구도 간과할 수 없는 거목의 자리에 이르렀다.
　톨스토이의 문학, 예컨대 『전쟁과 평화』 같은 작품을 주의 깊게 들여다보면, 거기에 문학적 기량을 압도하는 사상사적 맥류가 도도한 흐름을 이루고 있음을 알 수 있다. 그것은 슬라브 민족주의, 휴머니즘의 인본주의, 그리고 기독교 박애주의 등이다. 말하자면 톨스토이 같은 대형의 작가는 이미 문학이라는 고정적인 형식으로 묶을 수 있는 경우가 아닌 것이다.

톨스토이는 1828년 모스크바의 남부에 있는 야스나야폴랴나에서 명문 백작가의 넷째 아들로 태어났다. 2세 때 어머니를, 9세 때 아버지를 여의고 숙모의 손에서 자랐다.

성장하여 카잔대학 동양어학과에 입학했으나 중퇴하고 고향에 돌아와 농촌운동을 벌였다. 그러나 그 뜻은 실패로 돌아가고 1851년 입대, 사관후보생으로 근무하면서 창작 생활을 시작했다.

이듬해 자전적 성격을 띤 처녀작 「유년시대」를 익명으로 발표하여 격찬을 받았다. 제대 이후에는 페테르스부르크와 야스나야에 거주하면서, 많은 작가들과 교류하고 문학에의 열정을 키웠다.

1862년 궁정 의사의 딸 소피아와 결혼하고부터 전적으로 문학에만 매달렸으며, 『전쟁과 평화』, 『안나 카레니나』 등 역작들을 썼다. 특히 『안나 카레니나』를 완성하면서 죽음에 대한 공포와 삶의 무상함에 대해 심한 동요를 일으켰는데, 그는 이에 대한 해답을 과학·철학·예술 모두에서 찾지 못하고 결국 종교에 의지하게 되었다.

『교의신학비판』, 『요약복음서』, 『참회』, 『교회와 국가』, 『나의 신앙』 등의 저술은 이러한 그의 종교적 경도를 보여주는 것이며, 이처럼 내면적 위기를 극복한 이후 그의 사상을 '톨스토이주의'라 부른다. 이 주의에 입각하여 그는 타락한 동시대의 기독교를 버리고 초기 기독교의 박애주의로 돌아가, 노동·채식·금주·금연 등의 검소한 생활과 무저항주의 그리고 자기완성을 기초로 한 사랑의 정신으로 세계의 평화에 기여하려 했다.

> 네프류도프는 비로소 상류사회의 차단막을 걷고
> 사회의 부패와 모순의 실상을 깨달으며
> 참 삶이 무엇인지를 확인한다.

이와 같은 맥락에 잇대어 그가 70세의 원숙한 나이에 쓰기 시작하고 그 이듬해에 발표한 불후의 명작이 바로 『부활』이다. 타락한 당대 기독교에 대해 비판적 인식을 가지고 있던 그는, 이 작품이 그리스정교에 대해 비판을 가했다는 이유로 교회에서 파문을 당하는 사건을 겪게 된다.

1910년 10월, 큰딸과 주치의를 데리고 방랑의 길에 오르는데, 여행 도중 폐렴에 걸려 82세를 일기로 시골역장 관사에서 숨을 거두었다. 호의호식하려면 얼마든지 그럴 수 있는 부자였지만, 스스로 재산을 가난한 사람들에게 나누어준 그의 임종은 외롭고 쓸쓸했다.

1899년에 발표된 『부활』은, 저명한 법률가이자 친구인 코니에게서 들은 이야기를 바탕으로 시작되었으며 맨 처음 제목은 '코니의 수기'였다.

젊은 공작 네프류도프가 고모 댁을 방문하였다가 우연히 카츄

샤라는 처녀, 곧 그 댁 하녀의 딸을 만난다. 그는 그녀의 순결을 빼앗게 되고, 그녀는 임신한 채로 쫓겨나 창녀로 전락한다. 그러다가 우연한 일로 살인 누명을 쓰고 감옥에 갇힌다.

배심원으로 법정에 출두한 네프류도프는 여죄수 마슬로바가 바로 자신이 유혹했던 카츄샤임을 알고, 양심의 가책 속에 그녀를 구원하고 갱생시키기 위해 모든 노력을 다한다. 그녀를 좇아 시베리아 유형지에까지 이르면서 또 그녀를 도우면서, 그는 감옥의 많은 정치범들을 알게 된다.

네프류도프는 비로소 상류사회의 차단막을 걷고 사회의 부패와 모순의 실상을 깨달으며 참 삶이 무엇인지를 확인한다. 그리고 어느 날 밤 여관방에서 복음서를 읽다가 마침내 자신의 곤고한 영혼을 갱생시킬 길잡이를 발견하게 된다. 성경은 그와 카츄샤의 영혼을 함께 소생시키고 종교적 사랑에 의한 부활을 체험하게 한다. 그런 점에서 이 이름 있는 소설은, 이 험악한 시대에 마음이 고단한 사람들이 성경 곁에 두고 꼭 읽어보기를 권유할 만한 소설이다.

그는 타락한 동시대의 기독교를 버리고
초기 기독교의 박애주의로 돌아가, 노동·채식·금주·금연 등의
검소한 생활과 무저항주의
그리고 자기완성을 기초로 한 사랑의 정신으로
세계의 평화에 기여하려 했다.

8.
사랑이 러시아와
세계 전체를 구제하는 힘

도스토옙스키, 『죄와 벌』

리얼리즘 문예 이론가들에게 도스토옙스키는 하나의 새로운 세계였다. 그는 이전의 다른 작가들이 부분적으로 보여주었던 문학적 총체성을 소설을 통해 완성시킬 수 있는 작가로 보였다. 그와 더불어 문학은 세계의 진행 방향에 대해 해답을 제시하며, 문학이 시대와 역사에 대한 교화의 기능을 충실히 수행할 것으로 기대되었다.

특히 헝가리 태생의 저명한 문예 이론가 게오르그 루카치는, 도스토옙스키의 소설을 두고 '새로운 서사 세계'라 명명하였으며, 자신의 이름 있는 저서『소설의 이론』말미에 '도스토옙스키는 단 한 편의 소설도 쓰지 않았다'고 사뭇 도전적으로 썼다. 그의 소설은 지금까지 여타 작가들의 작품과는 다른 완전히 새로운 영역에 속하는 것이라고 간주했던 것이다.

리얼리즘 이론의 도식적인 속성과 이념적 도그마로 인하여 과대

포장된 측면이 없지 않지만, 도스토옙스키의 작품 세계에는 분명히 그렇게 평가할 만한 특성들이 잠복해 있다.『카라마조프가의 형제들』과 더불어 그의 작품 가운데 쌍벽을 이루는 대표작『죄와 벌』을 통하여 무엇이 그러한지를 규명해보기로 하자.

『죄와 벌』은 라스콜리니코프와 소냐라는 두 젊은이의 범죄와 참회 그리고 사랑의 이야기이다.

가난한 대학생 라스콜리니코프는 돈만 많고 탐욕스러운 전당포 노파를 분명한 신념으로 살해한다. 요컨대 '철학적 살인'이다. 그 돈을 가져다가 자기가 공부를 계속해서 사회에 유익한 인물이 된다면 살인 행위가 정당화될 수 있다고 생각했던 것이다. 이를 두고 우리는 '초인사상'이란 설명을 부가할 수 있다.

아무런 죄책감도 없을 줄 알았던 살인은, 그러나 그에게 걷잡을 수 없이 심각한 고뇌, 곧 죄책감을 몰아온다. 죄에 대한 참회라는 두 번째 주제는 이렇게 해서 떠오른다.

라스콜리니코프가 그 고통스러운 질곡을 벗어나는 것은 창녀 소냐의 사랑을 통해서이다. 몸은 창녀로되 그 정신은 성녀와 같은 소냐의 사랑이 그를 참회하게 하고 자수하게 하고 자신의 범죄를 감당하게 한다.『세계문학사』를 쓴 존 메이시는 이 주제와 관련하여, '사랑이 러시아와 세계 전체를 구제하는 장래를 꿈꾸었다'라고 명쾌하게 정의했다.

그런데 도스토옙스키가 이 소설을 통해 보여준 총체성의 세계,

『죄와 벌』에서 악의 상징인
라스콜리니코프는 선의 상징인 소냐 앞에
무릎을 꿇고 이렇게 고백한다.
"나는 노파를 죽인 게 아니라 나 자신을 죽였어."

사랑과 용서의 미학은 우연히 주어진 것이 아니었다. 아마도 그처럼 파란만장한 인생의 우여곡절을 겪은 작가도 드물 것이다.

1821년 모스크바에서 의사의 아들로 태어난 그는 군에서 제대한 후 반정부 인물로 체포되어 사형을 선고받았다가, 총살 몇 분 전에 황제의 특사로 징역형으로 감형된다. 시베리아 유형 기간 중에 그의 유일한 벗은 성경이었다.

옴스크 감옥에서 흉악범들과 4년을 지내고 5년간 군대 생활을 한 다음 10년 만에 페테르스부르크로 돌아온 그는, 잡지를 간행하며 소설을 쓰기 시작한다. 1881년 폐동맥 파열로 객혈한 것이 원인이 되어 60세의 나이에 세상을 떠나기까지 많은 작품을 남겼다.

신과 인간의 문제, 그 고뇌·불안·죄악을 파헤치며 인간이 가진 야수성과 악마성 그리고 선성과 신성을 투시한 그는 가장 심리적이요 사상적인 거장의 작가로 지칭되고 있다.

가난한 대학생 라스콜리니코프는 돈만 많고 탐욕스러운
전당포 노파를 분명한 신념으로 살해한다.
요컨대 '철학적 살인'이다.

『죄와 벌』에서 악의 상징인 라스콜리니코프는 선의 상징인 소냐 앞에 무릎을 꿇고 이렇게 고백한다.

"나는 노파를 죽인 게 아니라 나 자신을 죽였어."

이 작품은 관념소설과 추리소설의 기법을 결합시킨 것으로도 널리 알려져 있다. 그 외에도 문학적으로 탐색해야 할 대목이 많은 작품이다.

하지만 더 중요한 것은, 그의 여러 작품들이 '인생의 복음서'라고 불리며 '도스토옙스키의 작품은 하나의 작품인 동시에 성전이다'라는 놀라운 평가를 얻고 있다는 사실이다. 그의 작품 밑바닥에 그가 저 춥고 힘겨운 옴스크 감옥에서 탐독한 성경의 복음사상이 깔려 있기 때문이다. 직접적으로 성경적인 사랑의 힘을 강변하지 않으면서도 이야기 구조를 통해 그것을 웅변으로 증명한 작가, 그가 바로 도스토옙스키이다. 그런 점에서 그는 인류 문화의 소중한 자산이다.

9.
윤리적인 죄의 결과와
참회의 길

너세니얼 호손, 『**주홍글씨**』

서양 사람들은 어떤 사람을 두고 문제가 있는가를 판단할 때, 그가 법적으로 문제가 없고 도덕적으로 문제가 없다면 석연해버린다.

그런데 동양 사람들, 특히 우리 민족의 경우에는 여기에 하나의 요건이 더 추가되어야 한다. 요컨대 심정적으로도 문제가 없어야 하는 것이다. 이는 어쩌면 대단히 불합리한 사고방식인 셈인데, 그러기에 우리 속담에 "사촌이 논을 사면 배가 아프다"라든지 "주는 것 없이 밉다"라든지 하는 수사법이 통용되는지도 모른다.

우리가 한 사람의 기독교인을 두고 문제가 있는가를 판단한다면, 그 기준이 상기의 두 경우와 약간 다를 수밖에 없다. 서양의 합리적이고 분석적인 사고 유형과 동양의 직관적이고 전체적인 사고 유형과 상관이 없이 기독교인의 경우에는 법적, 도덕적으로 문제가 없어야 할 뿐 아니라 성경적으로도 문제가 없어야 하기 때문이다.

세상을 살아가는 데 있어서 이와 같은 옳고 그름의 윤리적인 문제가 인간의 깊은 내면적 심성과 어떻게 관련되는가를 탐색한 소설이 바로 너세니얼 호손의 『주홍글씨』이다.

호손은 19세기의 미국문학이 낳은 탁월한 작가로 1804년 메사추세츠 주에서 태어났다. 1821년 보든 대학에 입학하였고, 대학 시절에 나중에 저명한 시인이 된 롱펠로 및 대통령이 된 피어스 등과의 친교는 널리 알려져 있다.

1842년 아내 소피아와 결혼하여 행복한 생활을 시작하였으나 집필만으로는 생계를 유지할 수 없어 어려움이 많았다. 그러나 지혜로운 아내 소피아는 그를 격려했고 마침내 19세기 미국을 대표하는 문학작품 『주홍글씨』를 완성하게 했다.

이 작품은 당시 대단한 호평을 받으며 10일 만에 초판 2천 부가 매진되는 기록을 세웠다.

『주홍글씨』는 세 사람의 죄인과 그 죄의 결과를 그린 소설이다. 여주인공 헤스터 프린이 언제나 가슴에 달고 다녀야 하는 주홍글씨 A는 'Adultery'의 첫 글자로서 간음이라는 뜻이다. 그러나 헤스터의 처절하고 진실한 참회로 말미암아 이 글자는 유능Able의 A로, 천사Angel의 A로 승화되어간다.

소설은 어느 여름날 보스턴 장터 앞에 마련된 수형대 위에 한 여인이 서 있는 장면에서부터 시작된다. 여인은 치욕의 A자를 감추기 위해서인 듯 갓난아이를 품에 꼭 껴안고 있다. 그녀의 남편은

> 헤스터의 처절하고 진실한 참회로 말미암아
> 이 글자는 유능의 A로, 천사의 A로 승화되어간다.

오래전 해상에서 행방불명 되었는데, 어느 날 누군지 모르는 남자의 아이를 출산한 것이다.

 그 당시의 엄격한 청교도 정신이 이를 용서할 리 없었고 헤스터 프린은 온갖 창피를 다 당하지만, 아이의 아버지 딤즈데일 목사의 이름을 밝히지 않는다. 그런데 그날 그 치욕의 현장에 헤스터의 남편이 도착해 무서운 복수심을 가꾸고 있는 것은 아무도 눈치 채지 못한다.

 남편은 칠링워드로 이름을 바꾸고 딤즈데일 목사에게 접근하여 그를 파멸시키려 한다. 어느 날 밤 헤스터는 스스로 수형대 위에 올라가 자신의 죄를 벌하고 있는 딤즈데일 목사를 보게 되고 그 원인이 남편에게 있음을 깨닫는다.

 헤스터는 딤즈데일 목사에게 아이를 데리고 멀리 떠나자고 말하고 목사는 한순간 이를 기뻐하지만, 결국은 참회의 길을 선택한다. 셋이서 보스턴을 떠나기로 한 그날, 딤즈데일 목사는 마지막으로 훌륭한 기념 설교를 마친 다음 헤스터와 아이 펄의 손을 잡고 수형대 위에 올라간다. 자신의 죄를 고백한 그는 마침내 숨을 거둔다.

복수만이 유일한 목적이었던 칠링워드도 자신의 잘못을 회개하듯 헤스터의 딸 펄에게 전 재산을 물려주고 역시 숨을 거두게 된다.

호손은 낭만주의적 색채 속에서 상징성과 신비성의 문학적 요소를 한껏 활용하여, 인간의 본성 속에 숨어 있는 선한 요인과 악한 요인을 잘 부각시켰다. 평범한 사람들의 삶과 신앙인의 삶이 어떤 한계상황 앞에서 어떠한 윤리적 반응을 나타내는가도 잘 추적하였다. 이 소설은 인간의 정신이 가진 그 심연의 깊이에 대한 끈질기고 성실한 측량이라고 말할 수 있겠다.

소설은 어느 여름날 보스턴 장터 앞에 마련된 수형대 위에
한 여인이 서 있는 장면에서부터 시작된다.
여인은 치욕의 A자를 감추기 위해서인 듯
갓난아이를 품에 꼭 껴안고 있다.

10.
마음의 선물과
작은 것의 아름다움

O.헨리, 「**크리스마스 선물**」

선물은 사람을 기쁘게 한다. 받은 사람을 기쁘게 할 뿐 아니라 주는 사람도 기쁘게 한다. 간곡한 뜻과 정성이 담긴 작은 선물 하나, 이것이 작게는 인간관계의 방향을 바꾸고 크게는 운명의 줄기를 바꾸게 하는 경우도 없지 않다.

선물은 친근의 표시이며 화해의 표식이다. 성경에서는 야곱이 형 에서를 두려워하여 형과 만나기 전에 먼저 진노를 달래는 대단한 선물을 보내는 대목이 있다. 우리는 그 가운데서 야곱의 영특한 지혜를 엿볼 수 있다.

또한 성경은 처처에서 언약의 확증, 경배의 표시, 존경과 우정의 표현, 보상과 도움의 증거, 그리고 사건의 기념으로서 선물의 용도 및 역할을 보여주고 있다. 그런 만큼 이 좋은 선물의 의미를 실제적인 삶의 현장에 적용하여 그 장점을 발양하는 것은 참으로 지혜로운 일이라 아니할 수 없다.

여기 선물, 그것도 크리스마스 선물에 얽힌 슬프고도 아름다운 이야기가 있다. 서로 사랑하는, 그러나 매우 가난하여 그 사랑을 외형적으로 표현하기 어려운 젊은 부부의 이야기이다.

1달러 87센트, 이것이 전부이다. 내일이 크리스마스인데 남편 짐에게 선물을 사주는 데 쓸 수 있는 돈은 그것밖에 없는 형편이다. 아내 델라는 남편이 자랑으로 여기는 '황금색 폭포같이 물결치는 아름다운 머리카락'을 끊어서 판다. 그리고 그 돈으로 '백금으로 된 시곗줄'을 산다. 짐의 시계는 훌륭했지만 낡은 가죽 끈을 시곗줄로 쓰고 있어서, 친구들 틈에서 시간을 볼 때 가끔 시계를 몰래 꺼내보곤 했던 것이다.

한편 짐의 사정도 만만치 않다. 집안의 쌀독이 비어 있는데 가장의 주머니가 넉넉할 리 없다. 그는 큰 결단으로 시계를 팔고 대신에 브로드웨이 진열장에 놓여 있던 '값비싼 장식용 머리빗'을 샀다. 그것은 델라의 아름다운 긴 머리에 꽂으면 아주 잘 어울릴 터인데, 그녀는 가져볼 엄두를 못 내고 그저 안타깝게 바라만 보았을 뿐이었다.

자, 이 부부는 서로의 선물이 한참 어긋난 길로 달려가버렸음을 확인했다. 그러나 그 외형적인 것, 물건값으로는 환산할 수 없는 사랑의 실감을 끌어안고 그들 부부는 그 크리스마스를 푸근하게 보낼 수 있었을 것이며, 일생을 깊은 감동으로 지탱해나갈 기력을 섭생활 수 있었을 것이다.

우리가 익히 알고 있는 이 이야기는 O.헨리의 소설 「크리스마스 선물」의 줄거리이다. 이 작가는 1862년 미국 노스캐롤라이나 주에서 태어났으며 1910년까지 살았다. 한때 은행원으로 일하다 부정 사건에 휘말려 3년간 감옥에 갇히기도 했는데, 오히려 그 체험을 살려 나중에 「옥중기」를 비롯한 좋은 작품을 많이 썼다. 그는 폐결핵에 걸려 세상을 떠나기까지 600여 편의 작품을 남겼다.

O.헨리는 특히 단편소설에 남다른 재능이 있었다. 짧은 문장의 호흡과 경쾌한 속도감, 독자의 의표를 찌르는 극적인 사건의 구성과 반전 등을 O.헨리 단편의 주요한 특성이라 하겠는데, 「마지막 잎새」나 「20년 후」같은 작품을 대표적인 것이라 할 수 있겠다.

여기에서 살펴 본 「크리스마스 선물」은 종교적 신앙의 바탕에 근거해서 쓴 작품은 아니다. 다만 그 소재가 크리스마스에 결부되어 있을 뿐이다.

하지만 기독교인이든 아니든 우리는 이 소설을 읽으면서 매해 맞이하는 크리스마스와 연말연시의 선물에 대해 한번쯤은 깊이 생각해보고 넘어가는 것이 좋을 것 같다.

우리의 형편과 실정에 맞는 작은 선물, 그러나 정녕 감사하는 마음과 사랑하는 마음을 담은 작은 선물을 준비하고 전달하는 광경을 떠올려보며, 입가에 작은 웃음을 만들어볼 일이다.

겸손하고 소박하게 생각해보면, 감사할 일이 너무도 많다. 우선

그 외형적인 것, 물건값으로는 환산할 수 없는 사랑의 실감을 끌어안고
그들 부부는 그 크리스마스를 푸근하게 보낼 수 있었을 것이며,
일생을 깊은 감동으로 지탱해나갈 기력을 섭생할 수 있었을 것이다.

우리의 건실한 삶 자체가 하나님의 귀한 선물이다. 감사의 뜻을 표현하는 선물은 작더라도 거기에 마음의 부피를 크게 담는다면, 작은 것이 더 아름다울 수 있겠다.

11.
유랑민 근성과
창조주의 눈

황순원, 『**움직이는 성**』

    황순원의 『움직이는 성』은 기독교적 사랑의 소재를 한국인의 근원심성 속에서 찾아내기 위한 하나의 시도를 보여주고 있다.

    황순원은 이 소설 전반을 통하여 한국인에게 '유랑민 근성'이라는 치유불능의 속성이 내재되어 있음을 끊임없이 환기시킨다. 작가의 유랑민 근성에 대한 탐색은 준태, 성호, 민구 등 세 남자 주인공의 사고와 대화와 행위를 통해 드러나며, 이 세 사람의 성격이 각기 하나의 유형을 대표하도록 지연, 창애, 은희 등 여성 등장인물의 성격을 대비시키고 있다.

    농학도인 준태는 허무주의자이다. 현실의 어디에도 뿌리내리고 싶은 의욕이 없고 인간관계에 대한 불신감과 혐오감으로 가득한 인물이다.

    기독교적 사랑의 실천을 통해 인간존재의 진정한 의미를 찾으려는 성호는 금욕적 이상주의자이다. 그는 금지된 사랑을 한 죄로 목사직에서 쫓겨난 이후 고구마 장사를 하면서 겸손하고 소박하게 가난한 사람들 속에 산다. 교회의 명분주의와 율법주의 권위에 반발하면서 제도보다 사람이 우선임을 말없는 행동으로 증명한다. 불행한 사랑의 과거가, 그에게 진실한 기독교적 삶의 실행을 천직으로 받아들이도록 마련되어 있다.

준태와 성호의 친구인 민속학자 민구는, 유랑민 근성의 표본과도 같이 필요에 따라 삶의 방식을 유동시키는 현실주의자이다. 이들의 관계를 통해서 작가가 말하는 유랑민 근성은 곧 한국인의 근원심성이다. 한반도라는 정착지에서 반만년의 역사를 가지고 있으면서 문화민족으로 자처하고 있는 한국인의 심성 속에 근원적으로 유랑민 근성이 내재되어 있다는 신랄한 지적은, 대개 그것 자체로서만이 아니라 종교적 신앙 문제와 결부되어 나타난다.

『움직이는 성』에서 유랑민 근성에 바탕을 두고 예거되는 기독교의 기복적 편의주의적 신앙은, 작가에 의하면 결국 '약자의 신앙'이다. 신앙이 온전한 삶의 지표가 아니라 성실치 못한 위안의 도구가 될 때, 그것이 건강한 정신적 가치를 약속할 수 없다는 인식인 것이다.

기독교의 기본 정신을 이해하기 위해서는 기독교의 역사와 관련된 서구의 정신사를 알아야 한다. 해탈에 이른 구도자는 누구나 입신의 경이로움을 체득한다고 믿는 보편적 신관, 범신론적 종교관

> 『움직이는 성』에서 유랑민 근성에
> 바탕을 두고 예거되는 기독교의
> 기복적 편의주의적 신앙은,
> 작가에 의하면 결국 '약자의 신앙'이다.

에 익숙한 동양사상과 기독교는 기본 발상에서부터 서로 배타적이다. 그러기에 황순원이 이 소설에서 제기하고 있는 바, 수천 년을 지속해온 우리 민족의 기층적 기질이 기독교 신앙과 혼류될 때 빚어지는 갈등과 이단화는 문명비평학적 견지에서도 납득할 만하다.

성호의 눈에 비친 변질된 기독교는 '반 발짝 내디디면 기독교, 반 발짝 들이디디면 샤머니즘'인 불안정한 모습이며, 준태는 그 현상을 '우리 민족성에 그러한 것이 번질 수 있는 소지가 충분히 마련되어 있다는 증좌'로 받아들인다.

이 소설의 등장인물 가운데 엄밀한 의미에서 성공적인 삶의 유형을 보여주는 이는 아무도 없다. 허무주의자 준태는 죽음에 이르며, 이상주의자 성호는 내면적 인격의 건실함을 잃지 않지만 사회적 의미의 성공을 거두지 못한다. 그리고 민구의 삶은 속물적인 것으로의 전락이며 정신적인 패배자의 모습이다.

그렇다면 작가는 이들의 패배를 당연한 결말로 생각하고 이에 동의하고 있는가? 그렇지 않다. 황순원은 인간을 아름답고 순수한 그 어떤 것으로 믿는 경향을 가지고 있으며, 그 때문에 문학사에서도 그를 낭만주의자라고 적고 있다.

주어진 운명이나 참기 어려운 상황에 대해 그가 향일 작업의 반응검사로 내세우는 것은 그것을 수락하고 감당하는 삶의 자세이다. 성호를 통해 이것이 의식적인 차원으로 치환될 때, 작가는 이를 '창조주의 눈'이라는 알레고리적 표현으로 확장해나간다. 성호는 마침내 이를 기독교적 정의와 사랑이라고 믿으며, 지연과 함께 그 사랑의 실천에 동참하게 된다.

그러할 때 황순원은 인간의 존귀함을 포기하지 않으면서 그것을 기독교적 사랑의 논리로 감싼, 우리 문학에 보기 드문 사례를 남긴 작가에 해당한다.

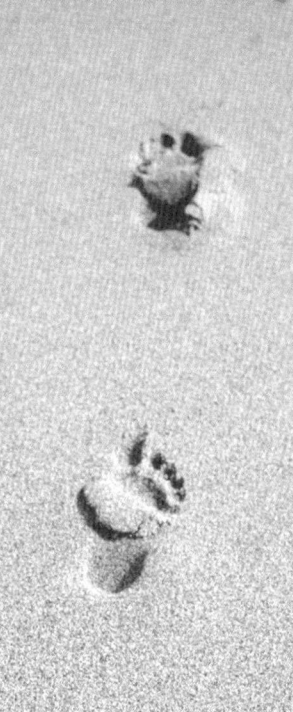

황순원은 이 소설 전반을 통하여 한국인에게 '유랑민 근성'이라는
치유불능의 속성이 내재되어 있음을 끊임없이 환기시킨다.

12.
하나님의 주권과
믿음의 본질

최인훈, 「라울전(傳)」

스티븐 스필버그 감독이 만든 영화 중에 《피라미드의 공포》라는 것이 있다. 이 영화가 흥미로운 것은 이야기의 줄거리보다는 저 유명한 영국 탐정 셜록 홈즈의 소년 시절을 그리고 있다는 사실 때문이다.

나중에 홈즈가 왜 파이프 담배를 물고 다니는지, 왜 결혼을 하지 않는지, 왜 그렇게 칼 솜씨가 뛰어난지에 대한 해답이 이 영화 속에 있다.

홈즈는 워낙 유명해서 꼭 실존인물같이 느껴지지만, 기실은 코난 도일이 만든 상상의 인물이다. 그러므로 홈즈의 어린 시절은 상상 속의 상상인 셈인데, 그래도 그 추론적 상황 구성의 박진감이 이 영화를 성공작으로 만들고 있다 할 것이다.

한 작가 또는 영화감독의 상상력이 실제로 있었던 일보다 더 큰 감응을 불러일으킬 수 있다는 데서 문학이나 예술의 효용성이 실증된다. 우리 문학, 더욱이 기독교 문학 가운데 하나의 좋은 실례가 있는데, 그것은 최인훈의 「라울전」이다.

최인훈은 1960년대에 작품 활동을 시작했고, 그 전 단계의 전후 문학이 보인 암담한 현실에의 즉각적인 반응을 넘어서서 우리 사회를 이데올로기의 차원으로 관찰하기 시작했다.

그런 만큼 그의 소설은 매우 난해하고 또 관념적이며 곤고한 지적 편력의 외양을 보이기도 한다. 『광장』이나 『총독의 소리』 같은 대표적인 장편들이 이를 잘 말해준다.

여기에서 살펴보려는 단편 「라울전」은 신약성경의 사도 바울을 소재로 한 소설이다. 작가는 바울과 그 성격이 아주 대조적인 교법사 '라울'이라는 인물을 조형하고, 그를 통하여 바울의 회심 및 하나님의 주권적 역사를 상대적으로 부각시키고 있다.

라울은 학구적이고 이성적이며 하나님에 대한 경건한 신앙을 가지고 있는 인물이다. 그의 학문적 이성은, 열왕기의 가계보를 낱낱이 살핀 끝에 예수의 핏줄이 다윗왕의 가지에 이어짐을 알고 크게 의아해한다.

구약성경에 정통한 랍비로서 구약의 예언이 예수에게서 실천적으로 나타나고 있음을 부인하기 어려웠지만, 그는 망설인다. 자기 눈으로 확신을 보기 전에는 움직이지 못하는 지성인의 병폐가 그에게 있다.

옹기가 옹기장이더러
나는 왜 이렇게 못나게 빚었느냐고
불평을 한들 무슨 소용이 있으랴.
옹기장이는 자기가 좋아서 못생긴 옹기도
만들고 잘생긴 옹기도 빚는 것이니.

그러나 바울은 다르다. 처음의 이름인 사울로 등장하는 그는, 라울과 달리 불성실하고 비이성적이며 때에 따라서는 지나치게 열성적이다. 바울이 라울에게 보낸 편지는 예수를 혹세무민의 허황된 꿈을 퍼뜨린다고 매도한다.

그 바울이 다메섹 도상에서 부활한 예수를 만나고 운명의 방향을 바꾼다. 이 사실을 통해 라울은 예수가 곧 메시아임을 직감으로 깨닫는다. 자기가 실행에 옮기기 전에 영원한 맞수였던 바울은, 그의 불성실한 삶의 태도에도 불구하고 먼저 신의 선택을 받은 것이다.

마침내 라울은 다메섹 도상을 찾아 비극적인 최후를 마친다. 그에게 문제가 있었다면 눈으로 보기 전에 믿으려 하지 않았다는 데 있었다. 신약성경에서 우리가 '믿음장'이라 부르는 히브리서 11장

1~2절은 이렇게 가르친다.

"믿음은 바라는 것들의 실상이요 보지 못하는 것들의 증거니 선진들이 이로써 증거를 얻었느니라."

보지 않고 믿는 것, 이것이야말로 믿음의 본질이다. 바울 또한 강력한 타력의 체험을 통해 믿음의 중심에 이르렀지만, 라울은 이성적 통찰력으로 믿음의 실체를 인식하고도 망설이고 미루는 취약점 때문에 구원에 이르지 못한 셈이다.

나중에 라울의 최후를 들은 바울은 다음과 같은 성경의 언사로 평가를 내놓는다. 그것은 또한 이 소설의 결미이기도 하다.

"옹기가 옹기장이더러 나는 왜 이렇게 못나게 빚었느냐고 불평을 한들 무슨 소용이 있으랴. 옹기장이는 자기가 좋아서 못생긴 옹기도 만들고 잘생긴 옹기도 빚는 것이니."

최인훈의 이 소설은 인간의 삶에 개입하는 하나님의 주권적 역사와 그에 반응하는 신앙인의 본질적 자세를 탁월하게 형상화한 수작이다.

● 그 바울이 다메섹 도상에서 부활한 예수를 만나고 운명의 방향을 바꾼다.
이 사실을 통해 라울은 예수가 곧 메시아임을 직감으로 깨닫는다.

13.
믿음,
보지 못하는 것들의 증거

이청준, 『낮은 데로 임하소서』

문학은 과연 우리에게 무엇일까? 문학이 우리에게 무엇을 해 줄 수 있을 것이며, 우리는 문학을 통해 무엇을 절실하게 드러내고자 하는가?

이와 같은 한 묶음의 원론적인 질문은 우리가 문학의 효용성이라는 문제를 제기하고자 할 때 가장 먼저 떠오르는 항목들로 되어 있다. 이러한 문항이 신앙의 효용성이라는 개념에도 그대로 적용될 수 있을까?

결론부터 말하자면, 그 답변은 '그렇지 않다'이다. '효용성'이라는 매우 귀납적이며 생산의 부가가치를 따지는 명제에 있어서 문학과 신앙은 그 추구하는 방향이 전혀 다르기 때문이다.

문학은 어떤 경우에 있어서도 휴머니티의 감응력을 포기하지 않는다. 의미의 파괴나 과다한 형식 실험을 보이는 작품들도 때

그가 사명을 자각하고 또 그 길로
들어서게 되는 힘을 얻은 곳은
샹들리에의 불빛이 휘황한 교회가 아니었다.

로 이 절대적 지향점을 뒤집어 보일 뿐이다. 그러나 신앙의 변화하지 않는 밑바탕은, 인본주의적 삶의 절제가 절대자를 향한 향일성의 추동력에 기초해 있음을 인식하는 데 있다. 이 인식을 삶의 한가운데에 적용하고 그것을 확장해나가는 것이 온전한 신앙적 태도인 것이다.

 그러할 때 신앙은 이미 효용성 이전의 문제이다. 믿음이 무엇을 가져다줄 것인가를 계량하기에 앞서서 믿음 자체를 앞세우는 것이 올바른 순서임을 성경은 처처에서 가르치고 있다. '믿고 알았사옵나이다'라는 베드로의 고백은 여기에 좋은 증빙이 된다. 주님이 구세주이신 줄 '알고 믿은' 것이 아니었다는 점이다.

 그러나 이 엄연한 가르침이 우리 신앙생활 속에서 순조롭게 꽃이 피고 튼실하게 열매 맺기란 참으로 지난한 일이 아닐 수 없다. 미상불 고난의 극점에까지 이른 후에야 그 원론적 깨우침을 수확한 사례를 우리는 주변에서 직접으로 간접으로 허다하게 마주한다.

이청준이 공들여 쓴 장편소설 『낮은 데로 임하소서』는 바로 그 간접경험의 소중한 예증을 우리에게 선사한다. 홍성사 '믿음의 글들' 시리즈 중 첫 권으로 1981년에 초판이 나온 이 소설은 맹인 목회자 안요한 목사의 이야기이다.

어렸을 때부터 아버지 안진삼 목사의 목회의 길에 대한 권유를 뿌리치고, 세속의 저잣거리로 달려간 주인공은 그야말로 세속적 성공의 길을 눈앞에 두고서 실명의 비극을 맞는다. 아내와 자식마저 다 잃어버린 그에게, 그래도 살아갈 실낱같은 희망을 준 것은 하나님의 음성이었다. "내가 너를 떠나지 아니하며 버리지 아니하리니 마음을 강하게 하라. 담대히 하라."

여호수아 1장의 이 말씀은, 그러나 그에게 삶의 소망을 줄지언정 극도로 곤고한 생활을 해결해주지는 않았다. 그리고 그것은 하나님의 선물로 주어질 것이 아니라 안요한 자신의 몫이었다.

안요한 목사는 온갖 간난신고를 헤치고 복음 사역자의 길로 들어서게 되는데, 그가 사명을 자각하고 또 그 길로 들어서게 되는 힘을 얻은 곳은 샹들리에의 불빛이 휘황한 교회가 아니었다. 자기 자신 이상으로 참담한 삶을 끌어안고 있는, 하지만 다른 사람에게 체온을 전할 수 있는 따뜻한 가슴의 소유자인 도회 빈민 소년들, 그들 가운데서였다. 그가 자신이 아니라 자신이 도와야 할 더 어려운 이들에게 눈을 돌렸을 때, 그의 마음의 눈이 뜨였고 하나님이 쓰시는 도구가 되었던 것이다. 그리고 하나님은 오히려 그 어려운 이들을 통하여 목회를 도우시기 시작했다.

이 소설의 어디까지가 실화와 일치하는가를 따지는 일은 이미 무의미하다. 그만큼 이 소설은 잔잔한 파도처럼 가슴을 적시는 감동적인 대목을 여럿 거느리고 있다.

이 소설을 통하여 우리는 또한 사람에게 육신의 눈과 사유의 눈, 그리고 영혼의 눈이 있음을 알게 된다. 영혼의 눈은 하나님과 교감하는 눈이며, 이 눈이 열릴 때 신앙의 효용성에 대한 준엄한 질문을 돌보지 않는 채로 하나님께 나아갈 수 있을 터이다. 믿음의 진정한 힘과 오래 참음으로 영근 사랑의 열매가 이 소설 안에 실증으로 담겨 있다.

아내와 자식마저 다 잃어버린 그에게,
그래도 살아갈 실낱같은 희망을 준 것은
하나님의 음성이었다.

14.
네 하나님이
어디 있느냐?

엔도 슈사쿠, 『**침묵**』

"하나님은 정말 존재하는 것일까? 만약 하나님이 없다면 수없이 바다를 횡단하여 이 작은 불모의 땅에 한 알의 씨를 가져온 자신의 반생은 얼마나 우스꽝스러운 희극이란 말인가."

엔도 슈사쿠의 『침묵』은 이와 같이 하나님의 응답, 더 나아가서는 하나님의 존재 여부에 대한 심각한 질문이다. 믿지 않는 자들이, 믿음의 박해자들이 '네 하나님이 어디 있느냐'며 조롱할 때 청천벽력같이 나타나 징벌의 불을 내리는 하나님은 구약성경 속에만 있을 뿐 목숨을 내건 선교의 현장에는 없다.

일본으로 잠입한 포르투갈의 선교사로서 기독교 신앙을 무자비하게, 그리고 지능적으로 박해하는 일본인 관리들과의 싸움에 임하는 세바스티안 로드리고 신부의 고민은 바로 거기에 있다.

신앙에 대한 확신과 실증이 수반되어서 그것을 증거하는 데 기꺼이 목숨을 던지는 것이 어려운 일이 아니라, 자기 자신에게 그리고 기독교를 받아들인 백성들에게 하나님의 능력과 실재를 증거할 수 없다는 사실이 더 큰 고통이 되는 절박한 상황이 이 책 속에 있다.

그러기에 이 책의 역자는 '후기'에서 다음과 같이 적고 있다.

> 자신의 믿음을 지키기 위해 끝까지 성화를 밟지 않고 참혹한 죽음의 길을 걷는 순교자들. 반면 자신의 나약함과 비굴함을 내세워 주저 없이 성화를 밟고, 그리고 괴로움으로 방황하는 기찌로. 이들을 지켜보면서 주인공 로드리고 신부는 깊은 고뇌와 회의에 빠진다. 오로지 하나님에 대한 뜨거운 신앙으로 바닷물 속으로 무참히 가라앉아가는 그들 농민들. 그러나 달라진 것이라곤 아무것도 없다. 바다는 여전히 잠잠하고 새는 그 위를 자유롭게 날고, 하나님은 계속 침묵을 지킬 뿐이다. 과연 하나님은 존재한단 말인가? 존재한다면 어째서 이렇게 침묵할 수 있단 말인가?

일본인 관리들은 신부의 배교를 강요하면서 신부가 보는 앞에서 신도들을 무자비하게 고문하고 또 죽인다. 고문의 방식도 지옥의 열탕, 구멍 매달기, 밀물의 바다에 가라앉히기 등으로 잔혹하기 그지없다.

지방행정관 부교오의 직분을 가진 이노우에가 로드리고 신부,

객관적인 시각으로 바라보면
　　　기독교 신앙의 패배요 일본 선교의 실패이다.

17세기 중반, 동양의 한 작은 나라 일본에서
주님을 증거 하는 일은 이렇게 어려웠고
　　　많은 희생이 강요되었다.

그리고 그보다 앞서 왔던 로드리고 신부의 스승 페레이라 신부에게 배교를 강요하는 것은 선교의 뿌리를 잘라내겠다는 탁월한 전략에 기인한다.

결과적으로 이들 신부들은 배교를 감행한다. 주님의 얼굴, 성화를 발로 밟고 자신이 배교자임을 인정하며 일본식 이름과 부녀자를 하사받아 일본인으로 살아간다.

객관적인 시각으로 바라보면 기독교 신앙의 패배요 일본 선교의 실패이다. 17세기 중반, 동양의 한 작은 나라 일본에서 주님을 증거 하는 일은 이렇게 어려웠고 많은 희생이 강요되었다.

그러나 이들 신부의 내면은 표면적으로 드러난 배교의 행위와 일치하지 않는다. 슈샤쿠의 중심사상은 바로 거기에 있다. 더 이상 신도들의 희생을 막기 위해 배교자의 길을 감수하기로 한 로드리고 신부는 성화 위에 발을 놓으면서 슬픈 듯한 눈빛으로 자신에게 건네는 그분의 말씀을 듣는다.

"밟아도 좋다. 네 발이 지금 아플 것이다. 오늘까지 나의 얼굴을 밟았던 인간들과 똑같이 아플 것이다. 하지만 그 발의 아픔만으로 이제는 충분하다. 나는 너희들의 그 아픔과 고통을 함께 나누겠다. 그것 때문에 나는 있으니까."

이와 같은 교감 또는 깨우침의 지점에 이르러 그 신부는 비로소 자기 행위에 대한 설명을 부가할 수 있게 되었다. 하나님의 침묵은 고통을 당하는 자들과 고통을 함께 나누고 있었던 때문이며, 유다에게조차도 그 아픈 마음을 헤아렸을 것이라는 인식에 도달한다. 로드리고 신부는 이노우에에게 자기가 싸운 것은 자신의 마음 속에 있는 가톨릭교의 가르침이었다고 말한다. 로드리고의 그분은 결코 침묵하고 있었던 것이 아니었으며, 로드리고는 지금까지와는 아주 다른 형태로 그분을 사랑하고 있다고 단언한다.

하나님의 실재 또는 존재 방식에 대한 이 책은, 오늘날 바로 이 문제를 두고 회의하는 기독교인들이 자신의 하나님을 발견하는 데 좋은 길잡이가 될 수 있을 것이다.

15.
원죄의 결빙을 녹이는 용서의 미학

미우라 아야코, **『빙점』**

    일본의 기독교는 우리의 경우와 비교해볼 때 형편이 많이 다르다. 우선 전체 인구의 25퍼센트를 넘는 한국 기독교인의 숫자에 비해 3퍼센트 이내의 극히 미소한 수준에 머물고 있다. 또한 일반적인 성도들의 신앙이 보여주는 교리에 대한 충실성이나 실천에 있어서의 열성이 우리에게 미치지 못하는 것이 사실이다.
    그런데 그러한 전체 규모의 열세에도 불구하고 일본 기독교계에는 한국에 없는 강점들이 있다. 그것은 세계적인 수준을 자랑하는 신학자나 기독교 문학 등인데, 여기서 언급해보려는 미우라 아야코의 『빙점』도 그 한 사례에 해당한다.
    미우라 아야코는 독실한 기독교 신자일 뿐 아니라, 성경 말씀이 현실적인 생활 속에 적용될 수 있도록 설명하는 데 있어서도 탁월한 감각을 가지고 있다. 필자는 30년 전 신앙생활을 처음 시작할 무렵에 미우라 아야코의 신앙 에세이 『구약이야기』와 『신약이야기』 에서 성경 해석에 관한 많은 의문을 해소할 수 있었으며, 이 두 권의 책을 여기저기 선물하기도 했다.

『빙점』은 1964년 일본 아사히신문 현상 모집에 당선되어 그해 12월부터 이듬해 11월까지 연재된 작품이다. 이 작품에 대한 독자들의 열화와 같은 성원에 힘입어 작가는 1970년 『속 빙점』을 집필하게 된다.

『빙점』은 '원죄'를 주제로 한다. 인간의 가슴 밑바닥에 뿌리내리고 있는 원죄의식, 그리고 인간과 인간의 관계 속에서 싹튼 원죄의 문제에 초점을 맞추고 있다.

주인공 요코의 생모 미쓰이 게이코는 남편이 전쟁터에 나가 있는 동안 다른 남자와 사랑을 했고 요코를 임신했다. 남편이 돌아오게 되자 그녀는 요코를 다카키에게 맡긴다. 여기에 쓰지구치 부부가 나타난다. 아내인 나쓰에가 다른 남자를 만나고 있는 동안 딸 루리코가 살해되는 슬픔을 겪은 남편 게이조는, 살인범의 딸을 다카키가 보호하고 있다는 말을 듣는다. 요코를 살인범의 딸인 줄 아는 그는 아내에게 잔인한 복수를 하기로 하고, 요코를 양녀로 입적시켜 아무것도 모르는 아내에게 기르도록 한다.

나중에 남편의 무서운 뜻을 알게 된 나쓰에는 요코를 괴롭히기 시작하고, 요코는 점차 생모를 증오하게 된다. 마침내 자신의 마음 속에 자리 잡고 있는 차가운 빙점, 즉 자기 핏속에 흐르고 있는 원죄를 깨달은 요코는 자살을 기도한다. 그녀의 유서에는 가족들에게 용서를 빌면서, 또 인간의 죄를 용서해줄 수 있는 권위 있는 존재가 있었으면 좋겠다는 내용이 담겨 있다.

『속 빙점』은 어떤 의미에서 독자들이 썼다고 할 수 있다. 독자들로 인하여 속편이 이어졌고, 그 줄거리에 대해서도 독자들의 쇄도하는 전화와 편지를 도외시할 수 없었기 때문이다.

요코가 약을 먹고 혼수상태에 빠지자, 독자들은 요코를 죽이지 말라고 작가에게 요청하고 항변하고 탄원한다. 그리하여 빙점을 녹일 수 있는 희망, 즉 죄에 대한 '용서'와 '속죄'가 속편의 주제를 이루게 된다.

마침내 요코는 인간의 죄를 용서할 수 있는 존재는 하나님밖에 없다는 사실을 깨닫는다. 인간의 원죄를 세상살이의 문맥 속에서 파악하고 이에 대한 해답을 기독교적 관점에서 제시하는 것이 미우라 아야코의 세계관이다. 그런 점에서 그에게 있어서 기독교 또는 기독교 문학은 삶의 가장 근본적인 문제에 대한 질문인 동시에 답변인 셈이다.

성경적으로는 인간이 원죄를 입고 태어난다는 사실을 부정한다고 해서 부정되는 것이 아니다. 오히려 애써 부정할수록 그 원죄의 깊이를 더하는 것일 수밖에 없다.

그러할 때 『빙점』이 가르치는 것은, 원죄적이며 불완전한 인간임을 자각하고 하나님을 의뢰해야 한다는 것이다. 빌 바를 알지 못하는 인간만큼 불행한 자가 없으며, 그러기에 하나님의 자녀가 된 행복과 권세를 감사하지 않을 수 없다는 것이 이 소설의 숨은 결론이다.

요코는 인간의 죄를 용서할 수 있는 존재는 하나님밖에 없다는 사실을 깨닫는다. 인간의 원죄를 세상살이의 문맥 속에서 파악하고 이에 대한 해답을 기독교적 관점에서 제시하는 것이 미우라 아야코의 세계관이다.

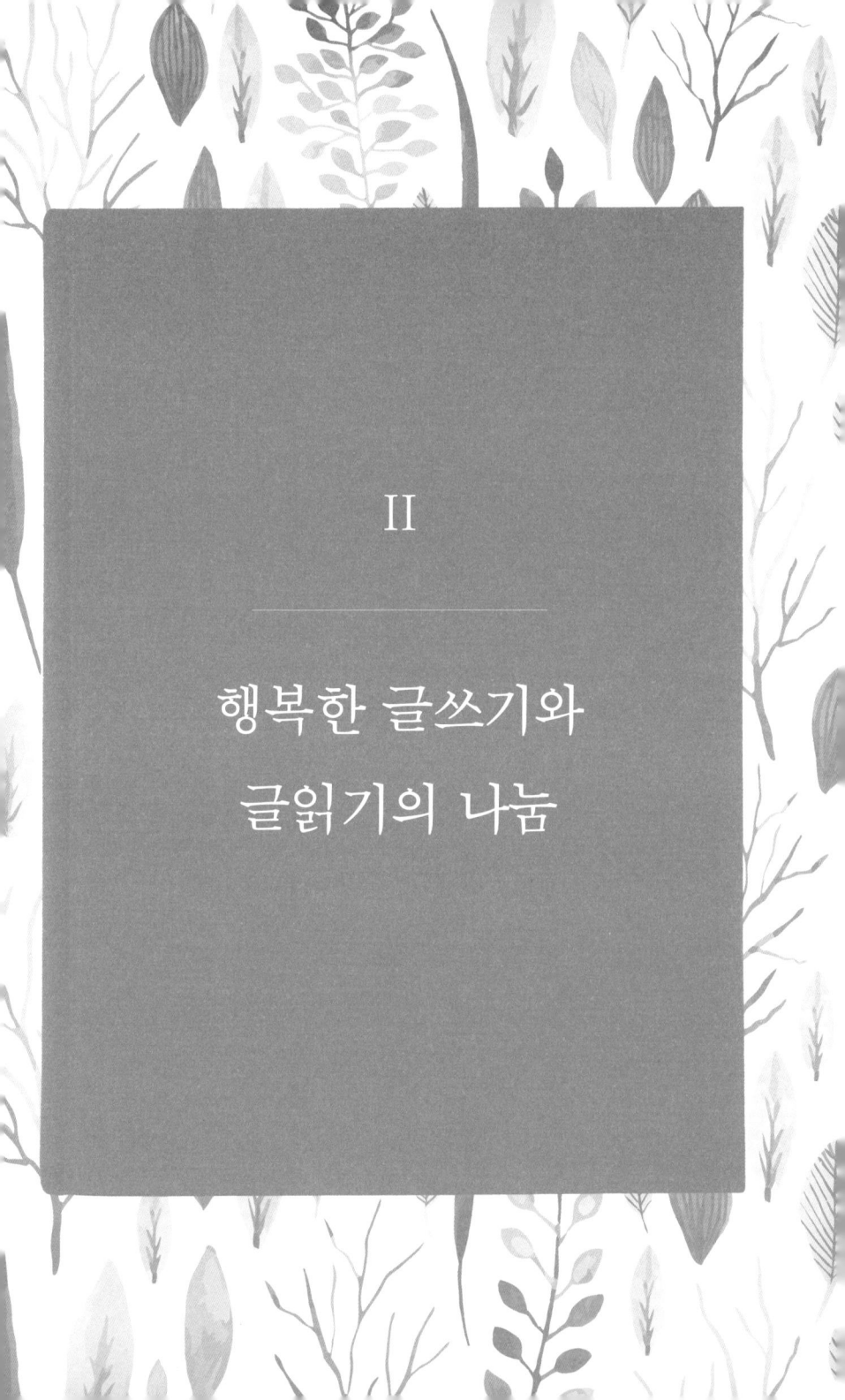

II

행복한 글쓰기와 글읽기의 나눔

사람은 외형의 물질이 아니라
사랑하는 마음으로 사는 것이며,

그것이 인간을 창조한 신의 뜻에 부합하는 것이라는 데
톨스토이의 심원한 생각이 있었다.

1.
사람은 무엇으로 사는가

　필자가 국제한인문학회 회장의 자격으로 중앙아시아 카자흐스탄에서 열린 국제학술대회를 다녀오던 때의 일이다. 동행한 아홉 분의 교수와 함께 두 번째로 방문하는 그 나라의 입국 수속을 마치고 수하물을 찾아 세관을 통과할 때였다. 한국에서 준비해간 간단한 기념품들과 이튿날 학회에서 쓸 인쇄물 책자에 '스톱'이 걸렸다. 영어로 대화가 잘 되지 않았다. 겨우 문밖에 내일 공동으로 행사를 개최할 학회의 회장이 기다리고 있을 테니 불러달라고 하는 말이 통했다.
　세관원은 정 그렇다면 나가서 데리고 오라는 것이었다. 그 말을 믿고 나가 그분을 만났으나 또 이번에는 함께 안으로 들어가는 것이 어려웠다. 천신만고 끝에 온갖 영어와 러시아어가 동원된 설명이 있고서 짐이 있는 자리로 돌아왔다. 그 이름 있는 철학 교수가 그토록 열심히 설명하는데도 두세 명의 젊은 관리들은 아랑곳하지 않았고, 금성철벽 같은 태도는 변함이 없었다. 마침 지나가는 한국 항공사 직원에게 내가 '다이아몬드 클래스' 회원임을 밝히고 도와달라고 해보았으나 역시 속수무책이었다.

그때였다. 우리를 마중 나온, 숙박이 예약된 호텔의 풋사과처럼 젊은 직원이 자기가 해결하겠다고 했다. 그는 담당자 중 한 명을 따라가더니 짧은 시간 안에 웃음을 머금은 얼굴로 돌아왔다. 그리고 나가자고 했다. 아무도 제지하지 않았고 우리는 모두 무사히 입국 절차를 마쳤다. 문제는 돈이었다. 그것도 미화로 50달러가 조금 넘는 정도였는데, 한 나라의 정신적 수준을 말하는 철학자의 호소로도 해결되지 않는 문제를 호텔 종업원이 신속하게 마무리 했으니, 미상불 어이가 없는 사례였다.

호텔에 짐을 풀고 평온을 되찾은 다음 곰곰 생각해보니, 참으로 기가 막혔다. 거기가 이 나라의 관문인데, 나라의 위신을 생각하는 관리가 한 명도 없단 말인가. 아니면 그 가운데 국가의식까지 찾지 않더라도 인간으로서의 기본적인 위신을 지키려 하는 관리가 한 명도 없단 말인가. 지금은 중앙아시아의 여러 나라가 구 소련이 해체되면서 독립국이 되었으나, 한때 세계의 힘을 양분하던 국가에 소속되어 있었고 한때 선진 사상과 철학의 영향권에 있던 지역이었다. 이를 한국의 사정과 인천공항의 경우에 비견해보니 새삼 내 나라가 자랑스러웠다.

이 대목에서 필자는 톨스토이를, 그리고 도스토엡스키를 떠올렸다. 그동안 1백 년간의 정치적 실험을 거쳐 마르크스·레닌 주의는 폐절 선언에 이르렀으나 그 이전 세계문학의 중심부를 이루었던 슬라브 민족주의, 기독교 박애주의, 휴머니즘의 인본주의는 모두 어디로 갔단 말인가. 문학 기법이 후진한 채로 사상이 범람하던 그 가열한 정신주의의 물결은 아무런 흔적도 남기지 않고 사라졌는가.

톨스토이가 쓴 「사람은 무엇으로 사는가」라는 짧은 단편은, 과거 이 대륙의 정신적 고도가 어떻게 동시대의 천정을 치고 있었는가를 웅변으로 증언한다. 사람은 외형의 물질이 아니라 사랑하는 마음으로 사는 것이며, 그것이 인간을 창조한 신의 뜻에 부합하는 것이라는 데 톨스토이의 심원한 생각이 있었다. 어쩌면 다른 나라 관리들의 행태를 두고 이 글을 쓰고 있는 필자도 스스로를 돌아봐야 할 만큼.

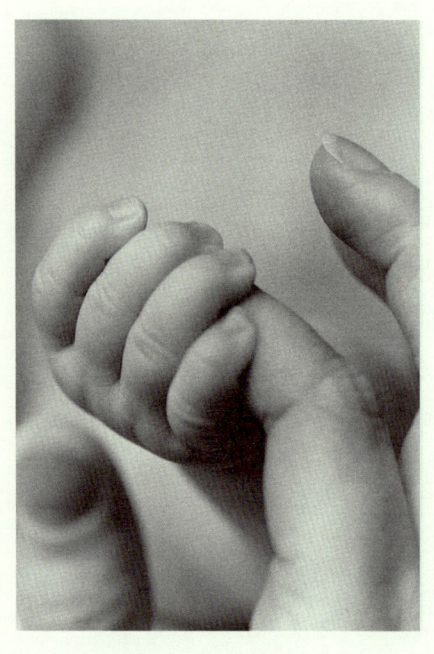

● 그동안 1백 년간의 정치적 실험을 거쳐 마르크스·레닌 주의는
폐절 선언에 이르렀으나 그 이전 세계문학의 중심부를 이루었던
슬라브 민족주의, 기독교 박애주의, 휴머니즘의 인본주의는
모두 어디로 갔단 말인가.

2.
두 여자의 아이 다툼

　서구 문화권에서 지혜의 대명사는 이스라엘 왕 솔로몬이다. 성경 열왕기상 3장에 기록되어 있는, 두 여자가 한 아이를 두고 서로 자기 자식이라 다투는 사건의 재판은 너무도 유명하다. 이 쟁론에 대해 솔로몬은 칼을 가져오게 하여 아이를 둘로 나누라고 하고, 아이를 살리기 위해 스스로 주장을 철회하는 여자를 생모로 판정한다. 역사는 이 지혜로운 처결을 일러 '솔로몬의 재판'이라 부른다.
　중국에도 이와 꼭 같은 이야기가 있다. 원나라 때 이잠부李潛夫의 작품으로 알려져 있는 희곡 「회란기灰闌記」가 그것이다. 서양에 명판관 솔로몬이 있다면 동양에는 송나라 시기의 명판관 포청천包青天이 있으며, 이 희곡에는 바로 그 포씨가 등장한다. 마씨 집안의 첩이 아들을 낳았는데, 이를 질투한 정실부인이 남편을 독살하고 첩에게 뒤집어씌운 끝에 남편의 재산을 상속받기 위해 그 아이를 자기가 낳았다고 우긴다.

포청천은 땅바닥에 석회로 동그라미를 그린 다음 아이를 그 안에 세우고 두 여자에게 팔을 잡아당기게 한다. 정실부인은 사력을 다해 아이를 끌었으나 첩은 아이가 아파하자 손을 놓아버리고 만다. 판관은 첩이 진짜 어머니란 판결을 내린다. 이 장면은 명나라에 이르러 원나라 희곡을 모은 『원곡선元曲選』이란 책에도 나온다.

솔로몬의 재판이나 포청천의 재판은 모두 친어머니를 분별하는 데 목표를 두고 그 증명을 생모로서의 모성본능에서 찾았다. 자신의 몸으로 낳은 생명에 대한 희생적 사랑은 사람이거나 동물이거나를 막론하고 다를 바가 없다. 황순원의 단편소설 「피」에서는, 새끼 다람쥐를 이용하여 어미 다람쥐를 잡는 인간의 교활한 지혜를 매우 비판적으로 그린다.

하지만 20세기 독일의 극작가 베르톨트 브레히트Bertolt Brecht는 이 고대와 중세의 고색창연한 모성론에 이의를 제기한다. 그의 서사극 《코카서스의 백묵원》은, 중국의 「회란기」를 중세 러시아의 코카서스 지방으로 옮겨놓았다. 반란 중에 총독이 살해되고 그 부인은 어린 아들을 버려둔 채 도망간다. 이 아이를 기른 이는 그 집안의 젊은 하녀였다.

반란이 진압된 후 총독부인은 아이를 찾으려 한다. 여기에서도 아이는 재산 상속의 수단이다. 총독부인과 하녀의 사이에 아이를 두고 「회란기」와 같이 백묵으로 그린 동그라미 재판이 벌어진다.

우리 국민은 평소 두 여자의
기득권에 눌려 침묵하고 있다가도
4년에 한 번은 무서운 재판관이 된다.
이제 보다 큰 재판이 다시 열린다.
이 재판의 결과에 따라 아이의 운명이 달라진다.

이 작품에서는 하녀 쪽에서 먼저 손을 놓고, 작가를 대신한 재판관은 양모의 손을 들어준다. 진정으로 아이를 사랑하는 어머니, 어머니로서의 구실을 올곧게 하는 어머니가 아이를 길러야 한다는 논리가 앞의 두 이야기에 대한 반전의 형국이 된다.

지난 제19대 총선에서 국민에게 표를 달라는 보수와 진보 양 당의 행태는, 꼭 백묵 동그라미 안에 서 있는 아이의 양팔을 잡아당기는 두 여자의 자기주장을 닮았다. 두 여자가 아이의 어머니이기를 포기하지 않듯 나라의 미래를 책임질 적임에의 주장을 포기하지 않았으며, 종국에 가서 아이가 아플까봐 팔을 놓아주는 여자도 없었다. 다시 말해 아이가 이 나라라면 좋은 어머니 같은 정당은 끝까지 없었다는 말이다.

어느 당이 더 나라를 사랑하고 존중하는지 판단하기가 어려웠다. 정당·정책·인물이 실종된 '3무 선거'가 주류를 형성했고, 객관적이며 합리적인 평가를 적용하기도 어려웠다. 여러 악재들이 순차적으로 판세를 좌우하면서, 마치 두 여자를 편드는 주변의 입방아처럼 풍설이 난무했다. 어느 쪽이 진짜 모성애를 가진 생모인지, 또는 생모가 아닐지라도 어느 쪽이 진짜 아이를 더 사랑하는 어머니인지 종잡을 수가 없었다.

그런데 놀라운 사실은 4천만이 넘는 국민의 마음이 모인 표심의 향방이다. 안정 속에 개혁을 바라는 미래의 요구를, 마치 몇 사람이 의논해서 도출한 결론처럼 명료하게 피력했다. 아직도 한강의 남북이나 국토의 동서를 가르는 분리주의적 의식이 팽배한 것을 보면, 우리 국민이 백묵원 안의 아이처럼 미성숙한 대목도 있는 것 같다.

우리 국민은 평소 두 여자의 기득권에 눌려 침묵하고 있다가도 4년에 한 번은 무서운 재판관이 된다. 이제 보다 큰 재판이 다시 열린다. 이 재판의 결과에 따라 아이의 운명이 달라진다. 두 여자는 모름지기 이 아이를 최선을 다해 사랑해야 한다. 민주주의의 근본을 암행어사의 마패처럼 숨기고 있는 국민이 곧 재판관이기 때문이다.

역사는 이 지혜로운 처결을 일러
'솔로몬의 재판'이라 부른다.

3.
가을의
기도

가을에는

기도하게 하소서…

낙엽들이 지는 때를 기다려 내게 주신

겸허한 모국어로 나를 채우소서.

다형茶兄 김현승金顯承, 1913-1975 시인의 시 「가을의 기도」 첫 연이다. 어느덧 가을이 깊었다. 유명을 달리한 최인호 작가의 표현을 빌면 '온통 붉은 축제와도 같던 여름'이 어느 결에 퇴장하고, 만산홍엽과 조락의 계절이 지금 여기에 당도했다. 미상불 이번 가을의 기도는 그 언사 가운데 포함해야 할 절목이 너무도 많다. 한 해가 그 종반으로 향하는 길목에서 돌아보면, 온 나라에 회오와 탄식이 넘친 일이 많다.

해마다 10월이면 남녘 광주에서 '다형문학대전'이란 행사가 열린다. 김현승 시인을 기념하는 사람들이 모여 그의 시를 읽고 노래하고 또 학술강연도 한다. 거기 남구 양림동 일대는 예향藝鄕이라는 이름에 걸맞도록 문화예술의 향기로 충일하다. 사직공원으로 오르는 야트막한 언덕길에는 여러 모양의 문화행사와 공연 표지판이 즐비하게 늘어서 있다. 그런가 하면 기독교 시인 김현승을 배태할 만큼 종교 유적지로서의 역사적 교훈도 진중하다. 수많은 외국인 선교사들이 한국에 들어와 교육과 의료선교의 사명을 다하고 그 언덕길 부근에 잠들어 있다.

가을을 기도의 계절로 인식한 김현승은 일제강점 초기 평양에서 목회자의 아들로 태어나 광주에서 성장기를 보내며 미션 계열인 숭일소학교를 다녔다. 다시 평양에서 숭실중학교를 다녔으며 20대 초반 약관의 나이에 시를 발표하기 시작하여, 궁핍하고 어두운 시대의 모습을 민족적 성향의 낭만주의와 종교적 세계관에 담았다. 그의 시어들은 깔끔하고 투명하다. 당대의 문인 정지용, 김기림, 이태준 등이 그의 시를 크게 칭찬하면서 일찍부터 문단에 이름이 알려졌다. 해방 이후에는 교직에 적을 두고 지속적으로 시를 썼다.

엄정한 기독교 윤리를 바탕으로 출발한 그의 시는 종교와 문학, 신과 인간의 관계를 긴장감 있게 그리고 탄력적으로 보여주는 주목할 만한 범례에 해당한다. 그의 삶과 문학이 그러한 관계성의 발단과 변화와 종결을 극적으로 보여주는 과정을 따라가기 때문이

엄정한 기독교 윤리를 바탕으로 출발한
그의 시는 종교와 문학, 신과 인간의 관계를
긴장감 있게 그리고 탄력적으로 보여주는
주목할 만한 범례에 해당한다.

다. 초기 시의 소박한 로맨티시즘의 단계를 지나 중기 시에 이르면 신의 전능에 비추어본 인간의 존재론적 한계를 인식하기 시작하고, 후기 시의 「견고한 고독」이나 「절대고독」 같은 시편에 이르면 걷잡을 수 없는 회의가 폭발하면서 마침내 신과의 결별이라는 극약 처방을 내놓는다. '모든 신들의 거대한 정의' 앞에 시라고 하는 '가느다란 창끝'으로 거스르던 시인은, 고혈압으로 쓰러진 이후 말기 시에 이르러 다시 신에게로 복귀하며 '돌아온 탕자'처럼 눈물의 시를 써낸다.

  김현승 시와 삶의 이 도저한 굴곡은 그것 자체로서 의미가 있는 것이 아니다. 그것이 종교와 문학의 상관관계를 반영하는 데 그치지 않고, 종교적 기반으로부터 발양된 사상성의 힘으로 보다 깊고 확장된 문학적 성과를 수확할 수 있었기 때문에 중요하다. 동시에 생경한 종교적 교리를 문면에 떠올리는 '종교로서의 문학'을 앞세우지 않고, '문학의 종교적 경향'을 통해 시가 스스로의 값을 얻도록 한 형국이다. 거기에 김현승의 파란만장한 인생과 신앙의 역정이 납득할 만한 재료로 사용된 셈이다. 이는 또한 인류사에 남은 모든 훌륭한 예술의 존재 양식이기도 하다.

> 가을에는
> 사랑하게 하소서…
> 오직 한 사람을 택하게 하소서
> 가장 아름다운 열매를 위하여 이 비옥한
> 시간을 가꾸게 하소서.

「가을의 기도」 두 번째 연이다. 기독교의 신본주의와 문학의 인본주의를 함께 포괄하여, 온 생애를 일관한 그 빙탄불상용氷炭不相容의 갈등 속에서 정갈한 가을 시편을 남긴 시인으로부터 우리가 '기도'를 배워야 할 계절이다. 우리 개인을 넘어서 이 나라와 민족을 생각하면, 참으로 기도해야 할 일들이 눈앞에 첩첩하다. 세월이 지나면 우리의 후대가, 그 어려운 시기에 당신의 세대는 나라를 위해 무엇을 염원하고 또 실천했는가를 물을 것이다.

●
가을에는
기도하게 하소서…
낙엽들이 지는 때를 기다려 내게 주신
겸허한 모국어로 나를 채우소서.

4.
느헤미야와
신경숙

　구약성경의 느헤미야는 매우 흔쾌한 성공 사례의 기록이다. 유대인들이 페르시아 왕 아닥사스다 1세의 포로가 되어 있을 때, 그는 왕의 술을 맡은 관원장이었다. 예루살렘 성이 훼파되었다는 소식을 들은 느헤미야가 왕에게 청한다. "나의 열조의 묘실 있는 성읍이 이제까지 황무하고 성문이 소화되었사오니 내가 어찌 얼굴에 수색이 없사오리이까."(느 2:3) 그러니 그 복원을 위해 보내달라는 것이었다. 그렇게 유대 총독이 되어 예루살렘을 재건하고 종교적 의식개혁을 이룬 지도자가 느헤미야이다.
　여기서 진정 괄목상대로 눈여겨볼 점은, 그의 지혜로운 말솜씨이다. 단순히 예루살렘 성이 부서졌다고 말하지 않고 '자기 조상의 무덤이 있는 성'을 보수해야 한다고 답변한다. 동서고금을 막론하고 온전한 공동체이면 그 조상을 공경하지 않는 경우는 없다. 말하자면 적성 국가의 상황이 아닌, 인류 보편성에 입각한 논리로 왕을 설득한 것이다. 그 자리에서 그는 강 서편 총독들과 삼림 감독 아삽에게 통행 및 공사를 위해 내리는 조서까지 한꺼번에 한 묶음으로 허가를 받는다.

조서의 필요성과 감독의 이름까지 파악하고 있는 느헤미야는 철저한 예비의 사람이었다. 동시에 왕의 심사가 보편적 통치 기준에 어긋나지 않을 것임을 내다본 지혜의 사람이었다. 종교적 충실성 이외에는 그것이 그의 성공 비결이었다. 이 보편성의 가치관이 순방향으로 작동하고 그것이 이질적 풍토에서 초유의 놀라운 반응과 개가를 불러온 또 하나의 보기가, 신경숙 『엄마를 부탁해』의 미국 진출 사건이었다. 어머니와 자식 간의 결코 단절할 수 없는 끈끈한 유대, 그 만유 공통성의 법칙을 소설의 바탕에 깐 것이 문화충격을 뛰어넘는 감응력의 시발이라는 뜻이다.

지금의 신경숙은 표절 사건으로 물밑으로 잠복해 있지만, 그 신경숙의 '어머니' 사건은 우리 문학의 세계화 가능성에 참으로 산뜻한 푸른 신호로 보였다. 그의 어머니는 우리 민족의 어머니이며 우리 민족의 어머니는 세계의 어머니가 될 수 있는 가능성을 정초했다. 가장 향토적인 것이 가장 국가적인 것이고 가장 국가적인 것이 가장 세계적인 것이라는 1980년대 민족문학론의 논리가 새삼스럽게 되돌아보이는 대목이다. 그런데 신경숙은 여기서 한 걸음 더 나아갔다. 어머니의 실종을 출발점으로 하되 그러한 어머니에 대한

> 지금의 신경숙은 표절 사건으로
> 물밑으로 잠복해 있지만,
> 그 신경숙의 '어머니' 사건은
> 우리 문학의 세계화 가능성에
> 참으로 산뜻한 푸른 신호로 보였다.

반응 양상을 여러 시각으로 자각하고 여러 표현법으로 형상화했다. 이러한 사실은 두 가지 요점을 환기한다. 하나는 인류 보편적 소재를 기반으로 삼되 그 소설적 서사 구조가 다른 작품과 차별화되는 명료한 독창적 성격을 가져야 한다는 것이다. 그리고 다른 하나는 이를 서술하는 방식과 문장력의 힘인데, 한글로 쓴 그의 소설에서 충분히 입증된 강점을 우수한 번역자가 현지 언어문화권에 걸맞도록 잘 옮겨놓았다는 것이다. 미상불 탁월한 번역이 없이 한국문학이 세계문학의 중심부로 진입할 길을 찾는 일은 무망한 노릇이다.

한국문학의 노벨문학상 가능성을 타진하는 여러 유형의 논의들도, 기실 이 지점에서 출발하지 않으면 안 된다. 그런 연유로 이미 타계한 훌륭한 작가들의 작품을 번역하는 사업도 중요하지만, 현존하는 작가들의 대중적 수용력이 높은 작품에 더욱 자주 눈길을 두는 것이 옳겠다. 신경숙의 소설이 미국에서 번역되는 절차가 결코 간략할 수 없었을 터이나 그 소설이 이미 170만 부의 국내 판매 기록을 가졌다는 그 실상과 무관할 수 없다.

미국 출판 시장에서 해외 작가의 작품이 번역되어 출판되는 비율이 고작 1퍼센트 내외라는 협소한 운신 폭을 고려해볼 때, 초판 10만 부가 출간되고 곧이어 5쇄를 찍었으며 NYT 베스트셀러에 진입한 성과는 놀라운 일이다. 그리고 그에 대한 반작용도 만만치 않다. 미국 조지타운대 영문과의 모린 코리건 교수가 공영방송 NPR에서 '김치 냄새나는 크리넥스 소설의 싸구려 위안'이라고 혹평한 것이 단적인 예다. 우리가 이 심한 독설에 반발하기는 쉬운 일이나, 신경숙 소설에 보다 세계적 보편성에 있어 부족한 부분이 없는가 살펴보기는 어려운 일이다.

지금 우리에게는 그 어려운 일이 필요하다. 미국 가족관계의 정서에 있어서 앵글로색슨계 백인의 경우 우리와 같은 모녀관계의 심도를 기대할 수 없는 측면도 있거니와, 더 중요하게는 이 사건이 작가 신씨의 언술처럼 우리문학의 이름으로 미국에 내린 '첫눈'이기에 그러하다. 그 배경에는 2백만 명에 이르는 재미 한인들의 후원도 있다. 한국문학의 세계무대 진출을 더욱 활달한 보편성으로, 거기에 느헤미야와 같은 준비와 지혜로움으로 밀고 나가야 하는 이유다.

하나는 인류 보편적 소재를 기반으로 삼되
그 소설적 서사 구조가 다른 작품과 차별화되는
명료한 독창적 성격을 가져야 한다는 것이다.

5.
시간이
없어요

너무 바빠서 정말로 너무 바빠서 무릎 꿇어 기도할 시간이 없었습니다.

세금 고지서의 마감 날짜에 맞추느라 바삐 돌아다녀야 했기 때문입니다.

어떤 때는 예배가 끝나기도 전에 설교만 듣고 서둘러 일어나야 했습니다.

기독교인으로서의 의무는 다했다 싶어 그래도 마음만은 편했답니다.

하루가 다 가도록 누군가에게 따뜻한 말 한마디 해줄 시간이 조금도 없었습니다.

그리스도에 관해 이야기 할 시간도 전혀 없었습니다.

그들이 나를 비웃을까봐 겁이 나기도 했었구요.

"시간이 없어요."

"시간이 없어요."

이것이 항상 나의 외침이었습니다.

어려움에 처한 이에게 베풀 시간은 더더욱 없었습니다.

드디어 생명이 다하는 시간이 되었습니다.

하나님 앞에 불리어갔을 때 나는 고개를 떨구고 서 있었습니다.

하나님의 손에는 한 권의 책이 들려 있었습니다.

그것은 바로 생명록이었습니다.

하나님은 그 생명록을 펼치시더니, 조용히 말씀하셨습니다.

"네 이름은 여기 없구나. 한때 너의 이름을 기입하려고 했었는데…
시간이 없었단다."

이 시의 지은이는 확인되지 않았다. 어느 기독교인 교수 부부가 필리핀을 여행하면서 소책자에서 이 시를 발견하고, 이 시 한 편을 얻음으로써 다른 모든 것을 제하더라도 그 여행이 의미가 있었다고 말했다.

오늘날의 우리는, 우리 기독교인들은, 정말로 바쁜 일정에 쫓기며 '시간이 없어요'를 연발하며 살아간다. 기도할 시간이 없고 예배도 겨우 참석하며, 그리스도의 이름으로 세상 사람들에게 따뜻한 관심을 보일 여유를 확보하기 어렵다.

하루하루 쌓이는 이 바쁜 일상생활은, 그러나 나중에 우리의 영혼이 심판받는 날에 이르면 돌이킬 수 없는 엄청난 결과를 초래하기에 이른다. 하나님의 생명록에 우리 이름의 자리가 비어 있는 사태, 우리가 주님께 시간을 드리지 못한 그 결과를 당면할 수밖에 없이 되는 것이다.

우리는 혹시 이렇게 반문할지 모른다.

"그러면, 이렇게 바쁘게 서둘지 않으면 살아갈 수 없는데 어떡하란 말인가요? 어렵게 꾸려가는 생업과 세상의 모든 인간관계를 포기하란 말인가요?"

포기? 그렇다! 이 세상의 삶과 하나님께의 충성 가운데서 둘 다 감당할 수가 없다면 하나를 포기할 수밖에 없다. 그러기에 신앙은 판단의 문제가 아니라 결단의 문제이리라. 그것은 또한 물밀듯이 밀려와 우리의 시간을 압박하는 숱하게 많은 일들 가운데, 어디에다 우선순위를 둘 것인가를 결단해야 한다는 뜻이 아니겠는가.

물질로써뿐만이 아니라 시간의 십일조도 온전히 하나님께 돌려드리는 성숙한 성도, 나중에 하나님 앞에 불리어갔을 때 다음과 같은 말씀을 듣는 기독교인이 되어야 하지 않을까?

"아! 네 이름이 여기에 있구나. 네 이름을 기입할 무렵에 내가 참으로 바빴지만 네가 바쁜 중에서도 시간을 내어 충성하는 것을 보고 나도 시간을 내었단다."

하나님의 생명록에
우리 이름의 자리가 비어 있는 사태,
우리가 주님께 시간을 드리지 못한 그 결과를
당면할 수밖에 없이 되는 것이다.

6.
고난 딛고
헌신에 이른 그들

1939년 대전에서 태어나 서울에서 대학을 마쳤다. 중앙일보 공채 1기로 사회생활을 시작하여 기자로 활동하다 기업으로 적을 옮겨 삼성물산 해외본부장을 지냈다. 미국 캘리포니아의 산호세에 정착한 후 '에이스컴'이란 컴퓨터 회사를 운영하여 크게 성공했다. 재미 사업가 김종수 씨의 얘기다. 기독교 신앙인인 그는 '회장'이라는 호칭보다 '장로'로 불리기를 원한다. 김종수 장로의 성공 스토리에는 거의 모든 인간승리의 주인공들이 가진 성공 패턴이 그대로 구비돼 있다.

비상한 노력으로 온갖 역경을 이기고 큰 성취를 이루었는데, 절체절명 위기의 순간을 맞아 그것을 극복하면서 그때까지의 자기중심적인 삶을 버리고 놀라운 헌신의 길로 들어선다. 이 방정식에서 최후의 '헌신'에 이르지 못하면, 고난도 승리도 별반 빛이 나지 않는다. 김 장로의 '위기'는 위암 진단이었다. 그는 그 선고를 받고 병을 치료하면서 스스로의 인생관을 바꾸었다. 기독교 박애주의를 실천하는 해외선교와 기독교적 사랑의 의미를 성경 인물을 통해 구명究明하는 저술에 인생의 초점을 맞췄다. 중국의 한 지역에 의료복지재단을 운영하면서 아낌없이 현지의 어려운 사람들을 돕고 조건 없는 시혜를 베풀었다.

그런가 하면 이제껏 네 차례에 걸쳐 펴낸 성경 해석의 저술들은 유려한 문장과 치밀한 고증을 동반해 현대적 시각의 새 국면을 열어 보인다. 지난해 나온 그의 네 번째 저서 『물 위를 걷는 어부』는 사도 베드로의 얘기였고, 다음으로 나올 저서는 사도 바울에 관한 것이라고 한다. 기독교가 사랑의 종교라면, 김 장로와 같은 실천적 사랑이 있고서야 그 빛이 밝을 터이다. 그는 생명의 위기를 넘는 순간에 여생을 두고 모든 열정을 불사를 '블루오션'을 개척한 셈이다. 나누고 섬기는 삶의 수범垂範이 되는 한국인 인간승리의 개가凱歌는, 그것을 듣는 일만으로도 우리를 행복하게 한다.

그런데 여기 또 한 사람, 기막힌 성공과 눈물겨운 헌신의 범례를 보여주는 재미 사업가가 있다. 저명한 건축가이자 주차빌딩의 혁신으로 널리 알려진 하형록 회장이다. 그는 초등학교 6학년까지 부산에서 자랐다. 아버지가 13년간 한센병 환자 촌에서 목회하던 분이었고, 그 과정을 눈여겨본 한 미국 선교사가 이 가족에게 미국행을 주선해주었다. 대학을 마친 후 건축회사에 들어가 승승장구

했으며, 29세에 부사장 자리에까지 올랐다. 그의 '위기'는 바이러스로 인한 심장병이었다. 심장이식을 받아 겨우 생명을 건지고 덤으로 사는 인생을 얻은 그는, 자신의 야망을 앞세우던 삶을 버리고 어려운 사람들을 위해 살겠다는 목표를 세웠다.

선한 목표가 이끄는 삶은 놀라운 축복이었다. 허름한 창고에서 시작한 '팀하스'라는 이름의 건축설계회사는 세계적인 명성을 가진 기업이 되었다. 이 회사는 필라델피아와 그 일대에 1천여 개의 주차빌딩을 지었다. 어찌 보면 기능이 뻔한 주차공간에 예술적 디자인을 접목하고, 조망권을 중시하며, 차보다 사람을 먼저 생각하는 아이디어를 구현했다. 건축 계획에서 완공 이후까지 감동적인 애프터서비스 제도를 만들었다. 그의 주차 빌딩에서는 수시로 결혼식이나 콘서트가 열린다. 그의 기업은 펜실베니아에서 청년들이 가장 가고 싶어 하는 회사로 뽑혔다. 하 회장은 현재 오바마 정부의 건축자문위원이기도 하다.

그의 회사 사훈은 '어려운 사람들을 돕는 존재'이다. 그의 마지막 꿈은 '인종과 남녀노소를 넘어 모두가 함께 어울릴 수 있는 도시를 만드는 것'이다. 미국의 가장 큰 부자이면서 가장 많은 자선의 기록을 남긴 록펠러도, 그의 생애 중반에 불치병 진단으로 1년 시한부 삶을 선고받았다. 그 이후 모든 세상 욕심을 내려놓고 자선의 실천에 목표를 두었더니, 43년의 행복을 누릴 수 있었다.

열심히 노력하면 누구나 성공할 수 있을지 모른다. 그러나 선한

열심히 노력하면 누구나 성공할 수 있을지 모른다.
그러나 선한 마음으로 온몸을 채우고
그것을 끝까지 밀고 가기는 어렵다.

마음으로 온몸을 채우고 그것을 끝까지 밀고 가기는 어렵다. 김종수와 하형록, 두 재미 사업가의 삶은 위기의 자리에서 양선養善의 블루오션을 발굴한 눈부신 사례다.

7.
평전의 기술記述에 이른
사도 베드로 연구

김종수, 『물 위를 걸은 어부』

가장 인간적이면서 가장 신의 세계에 가까이 간 사도使徒는 베드로이다. 예수 그리스도의 죽음과 부활, 그리고 그 이후에 전개된 초대 기독교의 역사에서 베드로를 제외하고 그 기록이 진척되기는 어렵다. 성격에 있어 다혈질이고 논리적·학문적 지식을 갖추지 못했으나, 그로 인해 오히려 순정한 신앙의 세계로 곧바로 진입할 수 있었던 열두 제자 가운데 한 사람. 순종과 고백, 배신과 회개의 과정을 거쳐, 자신에게 허락된 성령의 능력으로 초대 교회의 불꽃같은 기적을 일으킨 예수의 전도자.

이 베드로를 인간적인 측면에서, 그리고 신학적인 측면에서, 더 나아가 당대의 역사적 환경과 결부하여 연구한 저서가 상재되었다. 김종수 장로의 네 번째 저서 『물 위를 걸은 어부』이다. 기독교인이면 누구나 자기 영역의 생업과 신앙적 삶을 함께 가꾸어 가는 것이

사도 베드로의 행적과 그 외면 및 내면의 의미를
탐구하는 저술은, 작게는 저자 자신의 삶에 대한
경성이면서 크게는 책을 읽는 독자 모두에게
던지는 대오각성의 목소리에 해당한다.

지만, 인생의 후반에서 모든 다른 과정을 접고 선교 사역으로 여생을 보내겠다는 결심을 하는 이는 결코 많지 않다. 그 소수의 결심과 실천을 함께 보여주는 이가 곧 김종수 장로이다. 알기는 쉬워도 이를 행동으로 옮기기는 어렵고, 특히 그 일에 개인적 희생이 뒤따를 경우에는 더욱 그렇다.

 저자는 그동안 첫 번째 저서 『국경을 넘는 사람들』에서 중국 단동에서의 선교 사업을, 두 번째 저서 『빛과 어둠의 변화』에서 성경의 삼손 이야기에 견주어 본 오늘의 생각을, 그리고 세 번째 저서 『영웅을 세우는 손길』에서 다윗과 밧세바의 사랑 이야기를 통한 교훈과 경각심을 서술해온 바 있다. 기독교적 세계관을 바탕에 깔고 기술 방식에 있어서는 에세이 형식의 자유로운 필법을 운영했으나 그 배면에 숨은 이야기들을 들추어내는 데는 소설의 스토리텔링에 못지않은 '읽기의 재미'를 발굴한 면모가 약여하다.

이번의 네 번째 저서 또한 그렇다. 이 저서의 집필을 위해 저자는, 성경에 나타난 사도 베드로의 행적과 그 표현 아래에 잠복해 있는 함의含意에 관해 오래고도 깊은 묵상의 단계를 거쳤을 것으로 짐작된다. 그렇지 않고서는 그렇게 균형 잡힌 해석이 가능하지 않았을 것이라는 판단에서다. 동시에 베드로 시대의 국제적 여건과 사회적 인식에 대해 폭넓게 탐색하고 이를 본문의 적합한 처소에 풀어놓고 있는 것은, 신앙이 가진 일방통행적 시각에 매몰되지 않고 객관적인 진술의 태도를 유지하겠다는 의도로 추정된다. 물론 그와 같은 뒷그림들이 글의 이해를 충실하게 한다는 전제 아래에서다.

우리가 제대로 성경을 읽는 것은 단순히 문면의 뜻을 뒤따라가는 행위가 아니다. 성경적 사실의 그 당대적 인식에서부터 오늘의 현실에 적용되는 가르침에 이르기까지, 넓은 의미의 진폭을 수용하는 포괄적 독서법에 의거한다. 아울러 사도 베드로의 행적과 그 외면 및 내면의 의미를 탐구하는 저술은, 작게는 저자 자신의 삶에 대한 경성警醒이면서 크게는 책을 읽는 독자 모두에게 던지는 대오각성의 목소리에 해당한다. 이를테면 '베드로 평전'이라고도 부를 만한 이 저서가 신앙적 깨우침과 글읽기의 즐거움을 함께 담보하는 것은 바로 그 지점이다. 누구든지 자신에 삶에 육박하지 않은 논의에서 재미를 발견하기는 어렵다.

베드로의 생애와 성경의 내용 모두에 비추어서, 베드로의 활동을 예수의 지상 사역과 분리하여 말할 수 없다. 만약에 분리해서 말한다면 그것은 근본적인 가치를 상실하기 마련이다. 그런 연유로 이 책에서는 베드로를 언급하고 설명하는 분량에 못지않게 예수의 생애사를 다루고 있다. 그 언급에 있어 매우 이성적인 조심성이 느껴지는 것은, 이 책에 대한 신뢰를 확보하는 데 도움이 된다. 일찍이 한국문학에서는 성경 해석의 잘못이 개재된 김동리의 『사반의 십자가』나 성경을 지적 차원으로만 본 이문열의 『사람의 아들』 같은 소설들이 있었다.

올바른 성경의 해석은 논리 이전의 체험이 수반되지 않고서는 그 진진한 바닥을 두드려 보지 못한다. 신앙의 문밖에서 기독교를 이해하는 것과, 신앙 안에서 신앙의 눈으로 절대자를 바라보며 자신에게 허여되는 각성의 세계를 진술하는 것은, 겉으로는 차별성을 분간하기 어려울지 모르나 그 질적 수준에 있어서는 천양지차가 있다. 김종수 장로의 『물 위를 걸은 어부』가 한 권의 기독교 저서로서 갖는 가치는 체험과 각성, 논리와 실천의 세계를 두루 갖춘 신앙의 진정성 위에 가로놓여 있다.

필자는 이 저자가 향후 이러한 저술의 행보를 계속할 것이라고 들었다. 이 살아가기 팍팍한 세상에서 남들이 부러워하는 성공가도를 달려왔고, 또 교회의 규범에 있어서도 신앙 인격으로 존경받는 장로인 그가, 이와 같이 드림과 나눔과 섬김의 길을 가고 있는 것은 참으로 수범垂範이 되는 일이다. 그 명료한 증좌 중 하나가 소중한 글쓰기 사역으로 이 책에 담긴 생각이요 사상이다.

●
순종과 고백, 배신과 회개의 과정을 거쳐,
자신에게 허락된 성령의 능력으로
초대 교회의 불꽃같은 기적을 일으킨
예수의 전도자.

8.
선한 사마리아인

우리 작은 아이가 중학교를 다닐 때의 일이다. 가끔 걸려오는 전화가 있다. "성룡이 있어요?" 하는 조금 어눌하고 머뭇거리는 듯한 목소리. 나는 금방 같은 반에 있는, 몸과 다리가 매우 불편한 친구인 줄 안다. "그래, 바꿔 줄게. 조금만 기다려라아." 한껏 친절하고 부드럽게 말하고, 얼른 아이에게 수화기를 넘겨준다.

아이에게 들은 얘기다. 반의 다른 아이들이 그 불편한 친구를 그렇게 집적거리고 때리기까지 한다는 것이다. "네가 나서서 그러면 안 된다고 좀 말리지 그랬니?" 하고 물었더니, 너무 그 친구를 감싸고돌면 반에서 '따'를 당하기 때문에 그것이 쉽지 않다는 대답이다.

참으로 기가 막힐 노릇이다. 어려운 형편에 있는 친구를 돕는 일은 고사하고 돕는 다른 친구에게마저 압박을 가하는 이 현실은, 우리가 사는 세상이 얼마나 삭막하고 값없는 형편에 이르렀는지를 웅변으로 증명한다. 나는 아이에게 "비록 '따'를 당하더라도 그 친구를 도와야하지 않겠니?" 하고 일렀지만, 참담하고 씁쓸한 마음을 떨쳐버리기 어려웠다.

그 무렵 내가 학생들을 가르치는 경희대 국어국문학과에는, 한 뇌성마비 여학생이 있었고, 4년간 이 학생을 도와 가방을 들어주고 계단 오르내리는 것을 보살펴준 남학생이 있었다. 4학년 2학기에 이르러서야 학과에서는, 이 남학생에게 겨우 한 학기 '모범장학금'을 주는 것으로 소략하고 때늦은 격려를 했다. 물론 이 학생이 보답을 바라고 그 여학생을 도운 것은 결코 아니었다.

이 학생은 신앙이 깊은 기독교인이었다. 그의 가슴속에 있는 주님의 사랑이 그로 하여금 이름 없는 사마리아인처럼 오랜 선행을 계속하게 했을 터이다. 장애인에 대한 사랑은 곧 사람에 대한 사랑이며, 한 사람이 다른 사람을 가장 순수하게 사랑하는 경우는 그 사랑이 주님의 이름에 의거해 있을 때이다. 다시 말해, 우리 속에 있는 주님의 사랑이 다른 사람을 순수하고 아름답게 사랑하도록 한다는 뜻이다.

우리는 장애인 문학의 대표적인 사례로 존 밀턴의 『실락원』을 꼽는다. 밀턴은 영국 청교도혁명 당시 크롬웰의 비서였다. 나중의 왕정복고 후에는 정치적 자유를 상실했고, 아내를 잃었으며, 급기야는 두 눈마저 잃어버린 비극의 주인공이다. 밀턴은 이 가혹한 환경적 조건에 굴하지 않았다. 여섯 살 난 딸 데보라의 손을 빌려 낙원을 잃어버린 인간의 삶을 구술해나감으로써, 마침내 열두 권에 달하는 종교적 문학의 걸작을 남겼고 스스로는 영국 르네상스 시대 최후의 거인이라는 호명을 거두어들였다.

예거하자면 눈을 잃은 호메로스, 귀를 잃은 베토벤, 다리가 불편했던 바이런, 간질병에 시달렸던 도스토옙스키, 궁형을 받아 불구가 되었던 사마천 등, 인류의 예술사에는 헤아릴 수 없이 많은 장애인 예술가들과 그들이 남긴 걸작들이 있다. 이들의 작품이 가진 예술성의 배면에는 참으로 어려운 삶의 조건을 뜨거운 예술혼으로 극복한 의지와 그 인간승리가 숨어 있어, 우리를 갑절로 감동케 한다. 그러할 때 그들은 이미 장애인이 아니다. 사소한 외형적 불편의 모습을 넘어서는 정신적 개가凱歌, 그로 말미암은 찬연한 광휘光輝가 우리를 압도하고 있기 때문이다.

한동안 나는 KBS 라디오의 《내일은 푸른 하늘》이란 프로에 고정 출연을 한 적이 있다. 장애인 문학에 대해 그 의의와 가치 등을 말하는 코너였는데, 이 프로와 관련이 된 것은 한국장애인문인협회의 방귀희 회장 때문이었다. 이분은 휠체어에 의지하고서도 다른 분의 도움을 받아야 하는 처지이지만, 예나 지금이나 얼굴에 구김살 하나 없다. 뿐만 아니다. 그 자신의 장애를 정신적으로 극복한 것은 물론, 다른 장애인들을 위하여 자신이 가진 것 모두를 쾌척하는 삶의 태도를 갖고 있다. 그를 보면, 세상에는 겉모습만 멀쩡한 내면적 장애인들이 너무도 많이 있음을 알 수 있다.

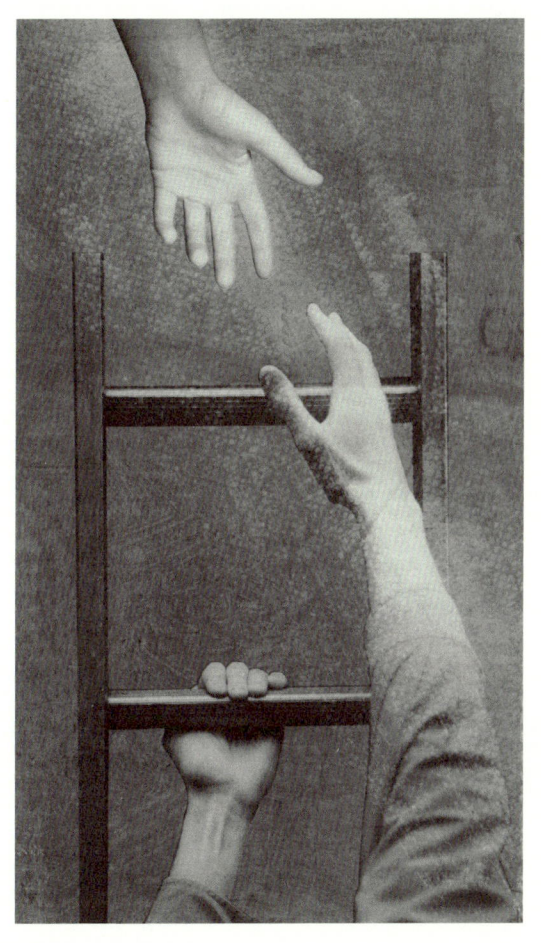

장애인에 대한 사랑은 곧 사람에 대한 사랑이며,
한 사람이 다른 사람을 가장 순수하게
사랑하는 경우는 그 사랑이
주님의 이름에 의거해 있을 때이다.

어쩌면, 나는 그렇지 않을까? 내 속에 약한 자의 자리에서 약한 자의 이름으로 정말 약하고 어려운 사람들을 도우려는 선한 정신이 있기나 한 것일까? 그런데 이 선한 정신이란 '지금 여기'에서부터 시작되지 않으면, '나중'에는 없다. 약한 자를 외면하는 기독교인이 참 기독교인일 수 있을까?

9.
새해 새 소망을 위하여

　새해 새 아침에 두 사람의 신앙 위인을 생각해본다. 한 사람은 선지자 엘리야, 다른 한 사람은 사도 바울이다.

　엘리야는 구약성경에 등장하는 선지자들 가운데서도 가장 큰 능력을 나타낸 인물이다. 갈멜산에서 사백오십 인의 바알 선지자와 싸워 이김으로써 여호와의 영광을 증거하였으며, 또한 기도의 힘으로 수년간 메마른 땅에 비를 불러오기도 하였다.

　그러던 엘리야가 악한 왕 아합의 왕후 이세벨에게 쫓기어 브엘세바에서 광야로 들어가 하룻길쯤 행하고, 한 로뎀나무 아래에 앉아서 죽기를 구하게 된다.

　"여호와여 넉넉하오니 지금 내 생명을 취하옵소서. 나는 내 열조보다 낫지 못하니이다."(왕상 19:4)

이것이 그 놀라운 능력을 행한 직후에 쫓겨난 엘리야의 탄식이다. 참으로 어처구니가 없는 일이다. 선지자 엘리야가 그러할진대, 마음은 원이로되 육신이 연약한 우리가 신앙에 따르는 시험으로부터 자유스럽기는 애당초 불가능한 일일 것이다.

사도 바울은 신약성경에서 예수님 다음으로 그 비중이 큰 인물이다. 로마서 이후 4대 복음서를 뒷받침하는 여러 서신서들을 두루 살펴볼 때 바울을 배제한 복음의 전파와 확산은 상상하기 어렵다.

무엇보다도 그는 그 자신의 표현을 빌자면 '죄수의 수괴'에서 돌이켜 능력의 전도자가 된 경우이기에, 세상길에서 돌아서서 주님께로 나아온 많은 늦깎이 성도들에게 심중으로 크게 위안이 되는 신앙인의 한 모델이기도 하다.

그러던 사도 바울이 자신의 마음속에 있는 두 개의 자아, 곧 선과 악 또는 빛의 세력과 어둠의 세력을 설명하면서 느닷없이 다음과 같이 토로한다.

"오호라 나는 곤고한 사람이로다. 이 사망의 몸에서 누가 나를 건져내랴."(롬 7:24)

이것이 그 불세출의 전도자 사도 바울의 탄식이고 보면, 우리와 같은 범상한 사람들은 어떻게 신앙의 마음자리를 끌어안고 있어야 할지 가늠하기가 간단치 않다.

필자가 이 자리에서 신구약 가운데 결정적인 '탄식'의 대목을 인용하는 이유는, 우리의 신앙생활이 언제나 그러한 탄식의 형편에 처할 수 있다는 인식에서이다. 어느 누구도 좌로나 우로나 흔들리지 않는 견고한 신앙의 소유자가 되기란 어쩌면 거의 불가능한 일인지도 모른다.

그러나 문제는 신앙에 시험이 따른다는 사실에 있는 것은 아닐 것이다. 믿기만 하면 병 낫고 복받는다는 단선적인 논리는, 그야말로 우리가 전래의 샤머니즘에서 익히 보아온 '치병기복신앙治病祈福信仰'과 다를 바 없다.

예수님도 '신약의 십계명'이라 불리는 산상수훈의 팔복설교에서 그러한 신앙적 축복에 관해서는 한마디 말씀도 없으셨다. 오히려 예수님이 강조하신 복은 마음이 가난하고 핍박받는 자들에 관한 것이었다.

요컨대 성경적 의미에 있어서 신앙생활이란, 고난을 비켜가는 것을 말하지 아니하고 고난을 당해서도 쓰러지지 않고 이기고 일어설 수 있는 힘의 섭생을 말하는 것이다. 하나님은 바로 그러한 힘을 공급해주시는 동력원이라 할 수 있겠다.

그러기에 엘리야는 로뎀나무 아래에서 탄식과 절망에 잠겨 있을 때 하나님으로부터 그 상황을 떨치고 일어날 수 있도록 '숯불에 구운 떡'과 '한 병 물'을 공급받았으며, 사도 바울은 파선당한 배와 같은 심사를 곧장 바꾸어 "우리 주 예수 그리스도로 말미암아 하나님께 감사하리로다"(롬 7:25)라고 발상의 전환을 가져온다.

탄식이 마음을 점령하면 기도의 줄도 끊어지는 것을 필자는 여러 번 경험한 바 있다. 그 암울한 터널을 혼자 힘으로 빠져나오기는 너무도 어렵다.

그러할 때 우리는 하나님의 떡과 물, 다시 말하여 예수 그리스도와 성령의 능력을 힘입어 바로 설 수 있도록 기도하면서 문제 해결의 주체를 변경해야 옳을 것이다. 기독교인의 삶은 이미 자기 자신이 주인의 지위에 있지 않기 때문이다.

올 한 해는 이처럼 어려운 탄식의 자리에서도 새 소망을 가꾸며 그 소망의 힘을 증거하면서 살아갈 수 있었으면 한다.

요컨대 성경적 의미에 있어서 신앙생활이란,
고난을 비켜가는 것을 말하지 아니하고
고난을 당해서도 쓰러지지 않고 이기고 일어설 수 있는
힘의 섭생을 말하는 것이다.

10.
뿌리 깊은 신앙

　미국 뉴욕 시 교육위원회에서 매우 흥미로운 교육자료 하나를 개발한 적이 있다. 그것은 신앙인과 불신앙인이 남긴 후손들이 대를 이어가면서 어떤 모습으로 살았는가에 대한 통계수치였다.
　위원회는 이 조사를 위해 두 사람의 표본모델을 선정했다. 한 사람은 프린스턴 대학 설립자이자 보수신학자 에드워즈 요나단 목사였고, 다른 한 사람은 뉴욕에서 살롱 술집을 경영하여 거부가 된 무신론자 마크스 슐츠였다. 위원회에서는 이 두 사람의 후손들을 5대에 이르도록 면밀하게 확인하고, 그 개개의 인적사항을 컴퓨터에 입력하여 통계를 추출했다.
　에드워즈 요나단의 5대에 걸친 후손들은 모두 896명이었다. 그 중 선교사와 목사가 116명, 교사·교수·학장·총장 등 교육자가 86명이었다. 이들 교육자 중에는 총장이 3명, 학장이 66명이나 되었는데, 그 총장 중에는 찬송가 246장 '내 주의 나라와'를 쓴 예일 대학의 총장 티모시 드와이트 박사도 포함되어 있었다. 그 밖에도 부통령이 1명, 상원의원이 4명, 문학가 및 문필가가 75명, 발명가가 21명, 실업가가 73명 그리고 장로·집사가 286명이나 되었다.

마크스 슐츠의 5대 후손들은 모두 1,062명이나 되었다. 그런데 이들 중에는 평균 교도소 생활 5년 정도 한 사람이 96명, 정신병자 및 알코올 중독자가 58명, 창녀가 65명, 정부보조 극빈자가 286명, 불학무식한 자가 460명이나 되었고, 이들이 사고를 쳐서 연방정부의 예산을 낭비한 금액은 무려 1억 5천만 불이나 되었다.

이 명약관화한 통계는 하나님을 섬기는 가정·사회·나라가 자손 대대에 이르도록 복받는다는 사실을 웅변으로 설명해주고 있다. 그러기에 우리는 우리의 개인적인 삶을 위해서는 말할 것도 없거니와 나라와 민족을 사랑하는 차원에서도 하나님을 섬겨야 한다.

꼭 물질적인 부요를 기준으로 할 것은 아니지만, 오늘날 이 시대에서 하나님을 섬기는 나라들은 대개가 부유한 선진국인 반면에, 그렇지 않은 나라들은 대체로 빈곤하고 어려운 나라들임도 이에 견주어 상기해볼 만하다. 하나님을 섬기지 아니하는 백성들 가운데에는 자연히 마크스 슐츠의 후손과 같은 사람들이 많아질 것이요, 그런 사람들이 점차 많아진다면 그 나라의 앞날이 어떻게 될 것인가는 짐작하기가 어렵지 않을 것이다.

우리 한국인만큼 자녀손의 복락에 대한 선조로서의 책임감을 깊

비록 잘 준비된 기름진 토양이 아니라 할지라도,
많은 소출이 기대되지 않는 척박한 텃밭이라
할지라도, 정성껏 심고 열심히 가꾸며 끈기 있게
기다리자면 그 신앙의 뿌리가 자라 스스로
자양분을 찾아내며 성장하게 될 것이다.

이 인식하고 있는 민족도 드물 것이다. 고려조와 조선조에 창성하고 지금까지 세력이 크게 남아 있는 도참사상과 풍수지리설도, 궁극적으로는 당사자 자신의 번영보다 후손의 발복에 더 역점을 두고 있다.

  우리가 진실로 다음 세대의 건강하고 행복한 삶을 축수하기를 원한다면, 정녕 시기를 놓치지 않고 해야 할 급선무가 있다. 그것은 앞의 예증에서 본 바와 마찬가지로 그들을 위해 참된 신앙의 씨앗을 심는 일이다. 비록 잘 준비된 기름진 토양이 아니라 할지라도, 많은 소출이 기대되지 않는 척박한 텃밭이라 할지라도, 정성껏 심고 열심히 가꾸며 끈기 있게 기다리자면 그 신앙의 뿌리가 자라 스스로 자양분을 찾아내며 성장하게 될 것이다.

  기실 그러한 신앙의 뿌리에서 줄기와 가지를 돋우고 잎사귀와

특히 그중에서도 훌륭하게
성장한 자녀의 그늘에 숨어 있는
어머니의 신앙과 기도는,
성경의 처처에서 그리고 인류 역사의
갈피갈피마다에서 사그라지지 않는
빛을 발하고 있다.

꽃을 피우며 아름다운 열매를 맺은 범례는 너무도 많다. 특히 그중에서도 훌륭하게 성장한 자녀의 그늘에 숨어 있는 어머니의 신앙과 기도는, 성경의 처처에서 그리고 인류 역사의 갈피갈피마다에서 사그라지지 않는 빛을 발하고 있다.

존 웨슬리와 찰스 웨슬리를 키워 각각 감리교회를 창시한 부흥사가 되게 하고 수많은 찬송가의 작사·작곡자로 만든 어머니 수재나는, 무려 17남매를 키웠지만 그 많은 아이들에게 일일이 창세기를 펴놓고 거기서 글자와 문학과 신앙을 가르쳤다고 한다. 아우구스티누스의 어머니 모니카, 사무엘의 어머니 한나, 모세의 어머니 요게벳도 자녀교육의 원론을 신앙에다 두었던 분들이다.

이러한 인식과 함께 필자는 근자의 새벽 제단에서 우리 두 아이를 위한 기도의 시간을 많이 늘렸다. 올 한 해는 아이들을 위해 더욱 많이 기도하고 신앙으로 양육할 것을 다짐해본다. 나의 신앙과 기도가 저들 삶의 튼실한 뿌리가 되어야겠기에.

11.
그대가 나라를 사랑하는가?

조지 맥크레오드의 저서 『오직 남은 한 길』을 보면, 제정 러시아의 패망에 관한 주의할 만한 기록이 있다.

제정 러시아가 망할 때, 러시아정교회의 지도자들은 최신 성의를 어떤 모양으로 하느냐, 옷의 단을 적색으로 하느냐 황금색으로 하느냐 등의 문제에 결론을 내지 못하고 10주야나 격론을 벌이고 있었다는 것이다.

그러나 그 시간에 6명의 볼셰비키 운동가들은 어느 건물 지하실에서 러시아 혁명의 음모를 진행시키고 있었다. 그 볼셰비키주의자들은 러시아의 인민을 경제적 곤궁에서 건지는 길은 오직 혁명뿐이라고 생각했다.

그들은 혁명으로 권력을 장악한 후 당시 러시아를 주름잡던 교회 지도자들을 모조리 잡아다 처형하였다. 그 교회 지도자들이 말씀에서 떠나 생명과 빛을 잃은 형식적 의식에만 치중하고 있을 때, 그리고 국가의 안위를 생각하지 않고 자기주장과 아집을 버리지 않고 있을 때, 하나님은 원수들을 도구로 사용하셔서 이들을 심판하셨던 것이다.

제2차 세계대전 때의 일이다. 영국군 33만 5천 명이 프랑스의 당케르트 해안에서 독일군에게 완전히 포위되었다. 독일군은 전쟁에서 이길 수 있는 절호의 기회를 얻자, 육해공군을 총동원하여 영국군을 전멸시키려 했다. 그야말로 절체절명의 순간이었다.

이 위급한 상황을 보고받은 영국 수상 처칠은 이 위기를 모면할 방안을 여러 가지로 궁리하였으나 도저히 불가능함을 깨닫고, 긴급하게 전국의 교회와 국민에게 기도를 요청했다. 군인들은 싸우면서 기도하고 백성들은 금식하면서 부르짖었다. 그러자 전멸당할 위기에 놓인 영국군을 구출하는 데 하나님이 직접 개입하셨다.

갑자기 폭우가 쏟아져 독일군의 전차는 진흙에 빠진 채 전진을 할 수 없게 되었고, 지척을 분간할 수 없는 안개로 인해 독일군의 비행기는 이륙을 할 수 없게 되었다. 이 틈에 영국군은 무사히 포위망을 뚫고 나와 그 많은 병력들을 구출할 수 있었다. 국가를 위한 그 결사적인 구국의 기도를 하나님이 들으셨던 것이다.

미국의 초대 대통령이었던 조지 워싱턴은 뛰어난 정치가요 전략가였으며, 그러면서 겸손한 인격자였다. 그는 8년간의 대통령 임기를 무사히 마치고 정계에서 은퇴하였다.

예수님의 제자들이 예수님께 나아와
"천국에서 누가 크니이까?"하고 물었을 때,
예수님은 "어린아이같이 자기를 낮추는 자"라고
대답하셨다. 하나님이 열납하신
워싱턴의 겸손한 인격은 곧 이와 같으며,
그것이 나라를 구했던 것이다.

그가 대통령이던 시절 그 밑에서 부통령을 지내던 존 애덤스가 대통령이 되었을 때의 이야기이다. 애덤스가 대통령으로 취임한 이듬해인 1798년, 미국은 신대륙에 있어서의 막대한 이해관계로 프랑스와 충돌했고, 프랑스는 미국에 대해 무력도발을 감행했다.

애덤스는 이 어려운 때에 이 문제를 해결할 만한 전략가는 퇴직한 전직 대통령 워싱턴밖에 없다고 생각했다. 애덤스는 워싱턴을 찾아가 이 난국을 타개할 수 있도록 도와달라고 부탁하였다.

워싱턴은 기꺼이 응락하였다. 그런데 당시에 워싱턴이 맡을 총참모장의 계급은 중장이었다. 애덤스는 워싱턴에 대한 예우 때문에 고민하였다. 그러나 워싱턴은 특별 예우를 마다하고, 중장의 계급을 달고 현역으로 복귀하여 프랑스의 위협으로부터 미국을 건졌다.

예수님의 제자들이 예수님께 나아와 "천국에서 누가 크니이까?"하고 물었을 때, 예수님은 "어린아이같이 자기를 낮추는 자"라고 대답하셨다. 하나님이 열납하신 워싱턴의 겸손한 인격은 곧 이와 같으며, 그것이 나라를 구했던 것이다.

우리가 잘 아는 강재구 소령이 부하들을 구하고 폭사했을 때, 그의 주머니에서 기드온 성경이 발견되었다. 거기에는 "한 알의 밀알이 죽어 썩지 아니하면 한 알 그대로 있고 죽어 썩으면 많은 열매를 맺느니라"는 말씀이 기록되어 있었다.

처음에 부대에서는 쉬쉬하며 그 사건을 사고로 처리해버렸으나, 부하들을 위하여 그토록 고귀한 희생을 치른 한 장교의 그리스도 정신을 높이 칭송해야 한다는 한 군목실장의 탄원으로 국방부에서 이를 재조사했다. 그리하여 한 계급 특진과 더불어 동상 건립 등 국민적 행사가 진행되었던 것이다.

우리는 나라를 사랑하는가? 이 보훈의 달에, 우리는 다시금 이를 우리의 인격, 특히 신앙 인격에 비추어 자문해보아야 마땅할 터이다.

애덤스는 이 어려운 때에 이 문제를 해결할 만한 전략가는
퇴직한 전직 대통령 워싱턴밖에 없다고 생각했다.

12.
용서하는 자의
영광

　동양문화권, 특히 한문문화권에서 고전으로 일컬어지는 저술 가운데에는 중국의 4대 기서奇書를 빼어놓을 수 없다. 이른바 『삼국지연의』, 『수호지』, 『서유기』, 『금병매』가 그 제목들인데, 이 중 『삼국지연의』에는 1천2백여 명의 인물이 등장하여 위·오·촉 등 삼국시대의 파란만장한 사회상과 처세철학을 수놓고 있다.
　여기서 더 범위가 확장된 중국 역사를 살펴보려면 『열국지』를 읽어야 한다. 거기에는 춘추전국시대의 제자백가와 걸출한 인품의 주인공들이 처처에 모래밭의 사금처럼 널려 있다.
　『열국지』에 다음과 같은 일화가 있다.
　춘추오패의 한 사람인 초나라 장왕의 이야기이다. 어느 날 장왕이 신하들을 데리고 밤중에 촛불을 휘황하게 밝힌 다음 연회를 베풀었다. 어느 정도 시간이 흘렀는데 느닷없이 일진광풍이 불어 불을 모두 꺼버렸다. 온 주석酒席이 어둠에 잠겼다. 그러자 신하 한 사람이 술기운으로 장왕이 총애하는 애첩의 입을 맞추었다. 그녀는 그 신하의 갓끈을 뜯어 쥐고는 어서 불을 밝혀 갓끈의 임자를 찾으라고, 장왕에게 자신의 정절을 자랑했다. 장왕은 불을 밝히지 않았다. 대신에 모든 신하들로 하여금 스스로 갓끈을 뜯어버리게 했다. 취중의 사소한 실수로 치부하고, 색출할 수도 있는 범인을 즉석에서 사면한 셈이다.

많은 나날이 지난 다음 장왕이 전쟁터에서 적군에게 포위되어 죽을 고비에 이르렀다. 한 사람의 장수가 목숨을 내던져 장왕을 구출하고는 부상으로 사경을 헤맸다. 장왕이 물었다.

"그대는 어찌하여 그대의 생명으로 나를 구했는가?"

"왕이시여, 제가 바로 옛날의 연회 때에 갓끈을 빼앗겼던 자입니다. 그 은혜를 이제야 갚습니다."

그리고 그는 죽었다.

남을 용납할 만한 도량을 금도襟度라 부르는데, 역사는 장왕의 금도를 실증한 그날의 연회를, 끊을 '절', 갓끈 '영'자를 써서 절영연회絶纓宴會라 기록하고 있다. 장왕과 같이 비범한 수준에 이르기 어렵다 하더라도, 이 일화는 범상한 우리의 일상에서 잘못을 범한 상

필자는 하나님의 공의로움이 살아 있다면,
왜 이처럼 불합리한 상황을 능력의 손으로
조정하시지 않는지 납득할 수가 없었다.
이 오랜 의문이 욥의 시련을 읽으면서
해명되는 느낌이었다.

대방을 용서하는 일이 얼마나 소중한가를 웅변으로 증거해준다. 그리스도인으로서 우리는 얼마만큼 남을 용서하는 일에 훈련되어 있는지 돌이켜보아야 할 것이다. 자신의 큰 잘못은 쉽게 용서하면서도 다른 사람의 작은 실수에 석연하지 못하는 경우가 많고 보면, 필자 스스로를 진단해보건대 남의 눈의 티끌은 보면서 자기 눈의 들보를 보지 못한다는 성경의 비유가 뼈아픈 채찍이 아닐 수 없다.

돌에 맞아 죽어가면서도 돌을 던지는 무리들의 죄를 사해달라고 한 스데반의 기도나, 일곱 번씩 일흔 번이라도 용서하라고 하신 예수님의 가르침이, 실생활에 구체적으로 적용되기가 난감하도록 너무도 사악한 세상에 우리는 살고 있다. 참으로 악하고 패덕한 무리들이 부귀와 권세를 누리고, 선하고 신심 깊은 사람들은 고난과 핍

박을 벗어나지 못하는 사례가 허다하다.

필자는 하나님의 공의로우심이 살아 있다면, 왜 이처럼 불합리한 상황을 능력의 손으로 조정하시지 않는지 납득할 수가 없었다. 이 오랜 의문이 욥의 시련을 읽으면서 해명되는 느낌이었다. 악한 자들이 회개하여 주께로 돌아오기를 기다리시는 하나님의 인내하심, 선한 이들을 연단하여 더 큰 주님의 일꾼으로 양육하기 위한 하나님의 예비하심이 여기에 결부되어 있기 때문이다.

궁극적인 용서는 인간의 마음에 있는 것이 아니라 하나님의 계획에 있다고 믿는 것이 올바른 그리스도인의 태도가 아닐까? 우리가 진정 예수님의 제자 되기를 소망한다면, 이를 깨우쳐서 우리 안에 화평과 용서의 새로운 품성이 생성되도록 애쓰지 않으면 안 될 것이다.

용서할 수 없는 사람을 용서하는 일이야말로 참된 용서라 할 것이다. 이 일이 어려울 때마다 말씀에 의지하여 용기와 결단을 얻도록 하자.

"노하기를 더디 하는 것이 사람의 슬기요 허물을 용서하는 것이 자기의 영광이니라."(잠 19:11)

●

남을 용납할 만한 도량을 금도라 부르는데,
역사는 장왕의 금도를 실증한 그날의 연회를,
끊을 '절', 갓끈 '영'자를 써서
절영연회라 기록하고 있다.

13.
아직 주님을 모르는
젊은 영혼에게

오래 전 D광역시에 있는 H대학의 채플 강좌를 맡아 이틀간 강의를 간 적이 있다.

H대학은 기독교 교육의 정신에 따라 설립되어 대학 안에 교회를 유지하고 있으며, 교직원 예배와 의무수강 채플을 운용하고 있는 참으로 좋은 대학이었다. 가까이 모시던 L박사께서 이 대학 총장을 지내셨고, 그때 부총장을 지낸 L교수께서도 영문학과에 재직 중이셔서 뜻깊은 걸음이었다.

가기 전부터 이 시대의 젊은 기독인 학생들에게 1시간 동안 무슨 말씀을 전해야 저들의 가슴을 뜨겁게 할 수 있을 것인가, 어떻게 해야 이토록 좋으신 하나님을 요령 있게 설명할 수 있을 것인가, 또 우리가 주님 기뻐하시는 일을 행하는 대열에 어떻게 동참할 수 있을 것인가를 틈틈이 생각했었다.

필자는 '숨은 신과 살아 계신 하나님'이라는 제목으로 말씀을 준비했는데, 이때의 '숨은 신'이란 개념은 리얼리즘 계열의 문예이론가인 루시앙 골드만의 논문 제목을 빌려온 것이었다.

골드만이 프랑스 소르본느 대학에서 박사학위를 받을 때 학위논문의 표제였던 이 용어는, 과학적 논리를 통하여 신과 인간과 세계의 관계를 설명해보려는 매우 무모한 시도 가운데 하나이다.

하나님이 우리가 논리의 씨줄과 날줄을 교직하여 짜놓은 그물망에 걸릴 리 없으며, 우리의 계산용 컴퓨터에 떠오를 수 없다는 사실을 납득하기까지에는, 기실 초신자 시절의 필자에게는 많은 시간이 걸렸다.

그래서 우리는 히브리서 11장의 말씀처럼 '보지 못하는 것들의 증거'를 믿는 체험의 신앙을 가꾸어야 옳을 것이다. 하나님은 과거에도 현재도 또 영원토록 살아 계셔서 역사하시는 분임을 논리로 설명할 수는 없는 것이다.

그런데 이 어려운 말씀을 쉽게 체험적으로 풀어 설명할 채비를 갖추고 강단에 선 필자는 아연실색 놀라지 않을 수 없었다. 한 클래스에 8백 명이 넘는 학생이 강당에 착석해 있기는 했지만, 그중에서 적지 않은 학생들이 강의를 시작하기 전부터 졸고 있는 것이었다.

우선 정색을 했다. 그 시간은 화평하게 웃고 시작할 때가 아니었다. 우리의 젊은 날에 한 사람의 인물, 하나의 사상, 하나의 계기

> 하나님이 우리가 논리의 씨줄과 날줄을
> 교직하여 짜놓은 그물망에 걸릴 리 없으며,
> 우리의 계산용 컴퓨터에 떠오를 수 없다는
> 사실을 납득하기까지에는, 기실 초신자 시절의
> 필자에게는 많은 시간이 걸렸다.

를 만남으로 인하여 삶의 방향이 바뀔 수도 있는 법인데, 이건 아니라고 생각되었다.

좀 경직된 방법이지만, 모두 일어나 자세를 바로 할 것을 요구했다. 강의를 듣지 않을 학생은 퇴장해달라고 말했다. 적어도 5분이나 10분 정도 그 말을 경청해보고 그 가운데 쓸 만한 구석을 발견할 수 없어서 잠을 청하는 것은 이해할 수 있는 일이로되, 처음부터 그러하다면 이는 젊은 지성인으로서는 고사하고 기본적인 인품에서 실격이 아니겠느냐는 생각이었던 것이다.

상당히 강압적인 요구와 함께 분위기가 많이 달라졌고, 필자는 문학과 종교의 상관성에 관해 준비한 말씀보다, 계획에는 없었지만 필자가 만난 실증적인 하나님을 가감 없이 전달하는 데 대부분의 시간을 사용하였다.

그러면서 스스로의 학창 시절을 돌이켜보았다. 재학 중에 병역을 마치고 졸업할 때까지, 그 젊고 활력 있는 날에 하나님을 알지 못했다. 어느 누구도 본격적으로 하나님을 설명해주지 않았다. 하나님에 대해, 진리의 자유함에 대해 들은 것은, 친구의 친구였던 J라는 신학대학생으로부터의 한 차례 말씀이 전부였다.

다행히 믿음 좋은 아내를 만나 이 귀한 좁은 문으로 들어섰으되, 빌 바를 알지 못하고 지낸 그 젊은 시절의 내 영혼을 생각할 때면 처연한 느낌이 들곤 한다.

필자는 그때 그 채플 강단에서 다시금 다짐했다.

"내가 가르치는 강의실에서는 젊은 학생들이 주님을 모르고 지나가는 일이 없도록 해야겠다. 비록 수업시간에 종교적 발언을 분별하지 않는다는 비난을 듣는 일이 있다 할지라도."

"내가 가르치는 강의실에서는 젊은 학생들이
주님을 모르고 지나가는 일이 없도록 해야겠다.
비록 수업시간에 종교적 발언을 분별하지 않는다는
비난을 듣는 일이 있다 할지라도."

14.
기도와 응답의
길목에서

큰일을 이루기 위해 힘을 주십사 하나님께 기도했더니

겸손을 배우라고 연약함을 주셨다.

많은 일을 해낼 수 있는 건강을 구했는데

보다 가치 있는 일 하라고 병을 주셨다.

행복해지고 싶어 부유함을 구했더니

지혜로워지라고 가난을 주셨다.

세상 사람들의 칭찬을 받고자 성공을 구했더니

뽐내지 말라고 실패를 주셨다.

삶을 누릴 수 있게 모든 걸 갖게 해달라고 기도했더니

모든 걸 누릴 수 있는 삶, 그 자체를 선물로 주셨다.

구한 것 하나도 주시지 않았지만

내 소원 모두 들어주셨다.

하나님의 뜻을 따르지 못한 삶이었지만

내 맘속에 진작에 표현 못한 기도는 모두 들어주셨다.

나는 가장 많은 축복을 받은 사람이다.

이 무명의 그리스도인이 쓴 고백의 글은, 가수 양희은 씨가 뉴욕대 부속병원 재활센터 벽에서 보고 옮겨온 것이라 한다. 그것이 우리 시대의 이름 있는 레토릭修辭, '광수생각'에 기록되었다.

쉽고 평범한 글이다. 그러나 그 가운데 담긴 생각은 결코 범상하지 않다. 더욱이 이 글은 그리스도인이 하나님께 드리는 기도와 그 기도 응답의 요체를 명료하게 짚어 보이고 있다.

모두 여덟 단락의 글을 여는 첫머리는 '겸손'이다. 여호와께서는 교만한 자를 업신여기시고 겸손한 사람에게 은혜를 베푸시며(잠 3:34), 누구든지 자기를 높이는 사람은 낮아지고 자기를 낮추는 사람은 높아진다(마 23:12)고 성경에 기록되어 있다. 성경적인 의미에 있어서의 겸손은, 그러므로 그 가치 평가의 기준이 매우 역설적으로 적용된다. 낮출수록 높아지며 겸손할수록 고귀해지는 법칙은, 낮추는 이가 사람일 때 높여주는 이는 하나님이시라는 상관관계에 근거해 있다. 겸손하게 섬기는 자세야말로 하나님 앞에서 소중하고 큰 미덕일 것이다.

겸손을 배우라고 연약함을 주신 것, 약할 그때가 곧 강할 때임을 납득할 수 있다면, 그는 하나님 앞에 선 그리스도인의 올바른 자리

낮출수록 높아지며 겸손할수록
고귀해지는 법칙은, 낮추는 이가 사람일 때
높여주는 이는 하나님이시라는
상관관계에 근거해 있다.
겸손하게 섬기는 자세야말로 하나님 앞에서
소중하고 큰 미덕일 것이다.

를 발견한 사람이다. 이 수월하지 않은 인식에 도달한다면, 그 다음의 언술言述들이 물 흐르듯 용이하게 풀려나간다.

건강한 사람보다 병고를 안고 있는 사람이 보다 가치 있는 일을 할 수 있다. 부유한 사람보다 가난한 사람이 더 지혜로울 수 있다. 성공한 사람보다 실패한 사람이 더 세상의 이치를 깊이 알 수 있다. 그리고 마침내 이 모든 것을 체득하고 향유할 수 있는 삶 자체가 더 없이 큰 하나님의 선물인 것이다!

이 무명의 그리스도인은, 자신이 구한 것 어느 하나도 하나님께서 들어주시지 않았지만, 그러나 자기 삶의 후미에 이르러 깨우친 시각으로 되돌아보니 그 구한 것들을 가장 합당한 방식으로 이미 모두 들어주셨다고 고백하고 있다.

그러기에 그는, 자기 자신의 삶이 하나님의 뜻을 따르지 못한 것이었다고 회개하고, 진작에 온전히 표현하지 못한 기도, 꼭 하나님께 드렸어야 할 기도를 오히려 모두 응답하셨다고 적었다. 스스로를 '축복 받은 사람'의 자리에 가져다두는 것은, 그러므로 그에게 있어 전혀 이상하거나 어색한 일이 아니다. 이 무명의 그리스도인이 누구일까? 길게 생각할 것도 없다. 그는 곧 '우리'이고 '나' 자신이다. 이 평범한 글을 통해서도 우리는 온 우주에 편만遍滿한 하나님의 사랑을 목도目睹할 수 있고, 그분이 우리의 간구를 귀 기울여 들으시며 그리고 가장 좋은 방식으로 응답하시는 분임을 증거할 수 있다. 우리는, 그리스도인은, 누구나 축복 받은 사람이다.

15.
선한 목적에
선한 열매

사람은 무엇으로 사는가. 어떻게 하면 행복해질 수 있는가. 어떻게 해야 곤고한 세상살이 가운데서 잃어버린 나를 찾을 수 있을 것인가…. 이와 같은 한 묶음의 원론적인 질문은, 톨스토이를 비롯한 인본주의 문학가들의 구원久遠한 숙제였고 인간의 영혼을 지배하는 종교들의 화두話頭였으며, 우리 삶의 현장에서는 날마다 때마다 부딪치는 실제적인 목적 과제였다.

그 답안의 소재를 두고 어떤 사람은 매우 가까운 곳에 있다 하고, 어떤 가르침은 절대자에게로 돌아가는 데 있다 하고, 또 어떤 경우에는 우리들 모두에게 적용되는 정답이 없으며 각기의 생애를 모두 마감하기 전에는 결론에 이르기 어려운 것이라고 했다. 요컨대 인간의 존재를 총체적으로 구명究明하는 이 근원적 문제에는 정답이 있기 어렵다는 뜻이다.

그런데 일군의 무대 예술가들이, 이 난해한 주제에 과감한 답변을 들고 나왔다. 2009년 5월 한 달 동안 대학로 예술극장 4관의 원더스페이스 동그라미극장에서 막을 올렸던 뮤지컬 《펀치펀치Punch Punch》가 그들의 의욕적이고 자신만만한 문제 해결 선언이었다. 이 공연의 저류에는 기독교 신앙이 맥맥히 흐르고 있으나, 그 대사 어디에도 하나님 또는 예수님이란 단어는 등장하지 않는다.

이를테면 선교의 메시지와 공연예술의 미학적 가치를 거멀못처럼 함께 붙들려는 보기 드문 시도가 거기에 있었고, 서둘러 결론부터 말하자면 그 시도는 아주 성공적으로 표현되었다. 대학로의 열악한 소극장 공연 상황을 염두에 둔다면, 한 달 간 지속된 이 뮤지컬의 고공행진은 매우 이례적인 일이었으며, 여기에 합류한 이들의 선한 목표와 예술적 구현의 방식이 조화롭게 악수함으로써 그 어려운 두 마리의 토끼를 함께 잡을 수 있었던 것으로 보인다.

드라마의 스토리 라인 자체는 그다지 복잡하지 않으며, 오히려 하나의 주제에 집중하여 한편으로 선명하고 다른 한편으로는 단조롭기도 하다. 웨믹 마을이라는 공간 환경을 배경으로 '펀치 넬로'라는 우유 배달을 하는 한 청년이 '실수투성이'요 '엉망진창'의 삶을 살다가, 그 마을 웨믹들의 창조자인 엘리 할아버지를 만남으로써 무한한 사랑을 알고 자기 자신이 가치 있는 존재임을 자각하는, 자아 발견과 자기 발전의 과정을 진솔하게 담아내었다.

이 드라마가 성공적일 수밖에 없는 까닭은 여러 가지가 있다. 눈에 보이지 않는 연출이나 배우들의 깊은 신앙과 뜨거운 열정, 작은 계기나 소품들을 대단히 특징적이고 효율적으로 활용하는 정치精緻한 구조적 짜임새, 그러한 요인들이 모여 잘 조화된 코러스를 이루는 인격 성장의 건전하고 훈훈한 결말 등이 큰 무리나 과장 없이 자연스럽게 극 속에 녹아 있기 때문이다. 선한 공동의 목표를 가진 집단에서나 볼 수 있는, 감동적인 뮤지컬이었다.

그래서 하는 말이다. 뜻이 있는 곳에 길이 있다는 옛말은 결코 허언虛言이 아니었다. 좋은 목표를 가진 사람만이 그에 도달하는 좋은 과정을 설계할 수 있을 터이다. 그러할 때 당초에 그리려 한 그림이 혼자만의 궁벽한 작업이 아니며, 돕는 손길들을 이모저모로 불러 아름답게 동참시키는 합력合力의 기적을 연출하게 될 것이다. 뮤지컬《펀치펀치》는 이 명백한 명제를 실감으로 증명한 하나의 '사건'이었다.

이 공연의 저류에는 기독교 신앙이 맥맥히 흐르고 있으나, 그 대사 어디에도 하나님 또는 예수님이란 단어는 등장하지 않는다.

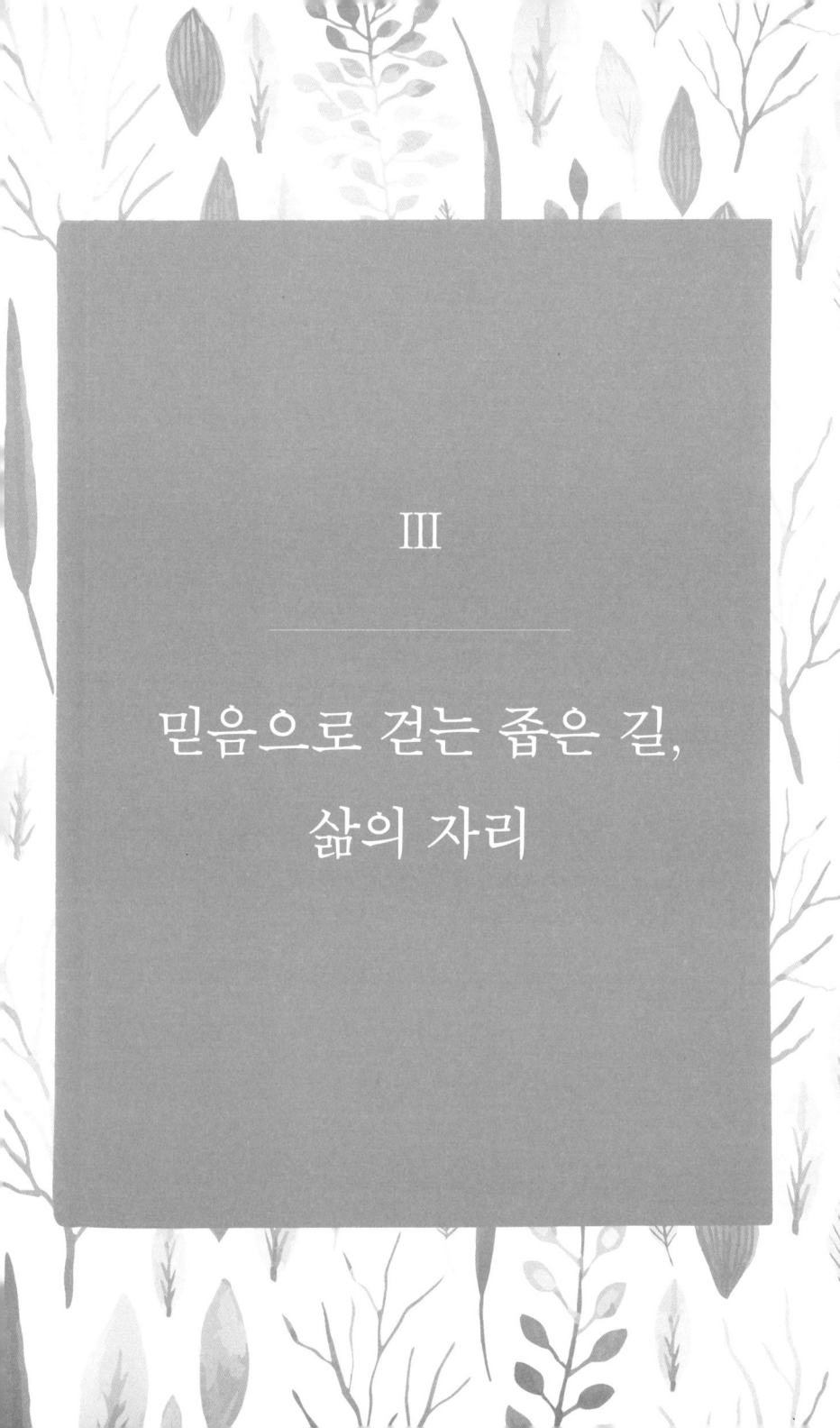

III

믿음으로 걷는 좁은 길, 삶의 자리

이른바 '시간이 정지한 땅'이었다.
그와 같은 땅에서 안 선교사가 이루어가는 사역은

다시 시간이 흐르게 하고
역사와 문명의 힘을 살려내는 일이었다.

1.
역사와 문명을 살리는 복음의 능력

동아프리카에 파송된 선교사들과 그 사역

"땅끝까지 이르러 내 증인이 되라"는 말씀은 주님의 마지막 유언이자 지상명령이다. 그 '땅끝'은 어디까지일까? 아직도 주님을 모르는 영혼들이 많은 우리 삶의 주변에서부터 저 수만 리 먼 곳 아프리카 오지의 원시부족에 이르기까지, 넓고도 넓은 공간 환경에 걸쳐 있지 않겠는가?

그 아프리카의 동부 케냐의 오지, 원시부족 마사이 지역에 들어가 주님의 지경을 넓히고 있는 안찬호 선교사를 찾아갔다. 안 선교사를 그곳에 파송한 임마누엘교회의 의료선교단과 동행한 길이었다.

김포공항의 7월 무더운 한여름 기운을 헤치고, 일행은 20여 시간의 여정으로 동아프리카의 관문 나이로비를 향해 하늘을 날았다. 나이로비 도착은 다음 날 오전 6시. 동녘 하늘이 붉게 물들고 있었으나 여전히 어두운 하늘에 눈썹 같은 초승달이 걸려 있는 미명의 새벽이었다.

그런데, 놀라운 일이었다. 버스로 서너 시간은 족히 걸려야 도착하는 그 국제공항에, 원색의 휘황한 의상을 두른 마사이 부족의 교인 60여 명이 출영을 나와 있었다. 물론 안 선교사의 감화를 받고 주님을 영접한 형제요 자매들이었다. 우리는 공항 한편에 자리를 만들고, 인종과 국경을 넘어서는 주님의 사랑으로 함께 얼싸안으며 함께 감격적인 예배를 드렸다.

나이로비에서 안 선교사의 본부 교회가 있는 무쿠타니에 이르는 길은, 술탄 하무드까지는 포장이 되어 있고 나머지는 비포장 도로. 그러나 멀리 킬리만자로 산봉우리를 배경으로 하여 작은 구릉들을 넘으며 일직선으로 곧게 뻗어 있는 사바나의 도로는, '아, 이것이 아프리카로구나'라는 감상을 불러일으키기에 넉넉했다.

현지에 처음 들어갈 때 마사이 추장과 원주민들로부터 더없이 험악한 기세로 생명의 위협을 받으며, 또한 산지사방에 지천으로 널린 맹수와 독충의 공격을 무릅쓰며, 그리고 이름도 모를 풍토병과 두고 온 문명세계에의 향수를 끌어안은 채, 안 선교사의 사역은 11년의 세월에 이르러 있었다.

그동안 무쿠타니 교회를 비롯하여 모두 11개의 교회를 세우고, 교회마다 학교를 세우고, 또 병원을 짓고, 주택개량을 가르쳤다. 발전설비와 트랙터의 도입, 멀리 송수관에서 수돗물 끌어오기 등

넓고 황량한 사방 50킬로미터의 대지에 엄청난 역사가 일어나고 있었다.

문제는 단순히 교회를 세우고 학교와 병원을 짓는다는 사실이 아니라, 마사이 부족의 원주민들이 주님을 향해 마음을 열고 마른 논에 물 들듯이 그 교회와 학교를 찾아오게 한 교화력에 있었다.

지금은 세상에 널리 알려졌지만, 케냐와 탄자니아의 국경 일대에 산포되어 살고 있는 마사이 부족의 숫자는 대략 20만을 헤아린다. 지구 상에 남아 있는 원시부족 가운데 자기 종족의 전통에 가장 투철하며 고집스럽고 결속력이 강한 족속이다. 케냐에서 안 선교사의 영향력이 미치는 지역의 주민은 대략 2만 정도이니, 아직 빙산의 큰 부피가 수면 아래에 그대로 남아 있는 셈이다.

도착한 당일 일행은 음부코 교회의 헌당예배에 참석했고, 의료 선교팀은 의사, 치과의사, 한의사, 약사 팀으로 나뉘어 진료와 투약을 실시했다. 케냐에서 체류하는 3일 동안 일행은 음부코, 랠래라이, 국도채플 등 모두 3개의 교회를 헌당했으며, 그 가운데 국도채플은 이 모든 프로그램과 프로젝트를 후원하고 있는 서울 임마누엘교회 김국도 목사의 이름을 땄다.

국도채플 헌당기념 성가경연대회에는 마사이 성도 1천여 명이 원색의 의상으로 참여하여 높은 목청의 성가와 현란한 율동을 선보였는데, 가히 보기 드문 장관이었다. 그리고 의료 선교팀은 3개 지역에서 2천 명에 가까운 환자들을 돌보았다. 그야말로 의료와 선교가 하나로 융화된 뜻깊은 일정이었다.

일행은 농아볼로 교회에서 즉석 헌금을 결의, 8천 9백 달러를 모금하여 현재 가건물로 되어 있는 그 교회를 다시 지어주기로 했다. 교회가 설 자리에서 손에 손을 맞잡고 합심기도를 드리는 일행 가운데는, 언제 어디서나 꼭 같이 운행하시고 역사하시는 성령의 은혜에 눈시울을 적시는 이가 많았다.

아프리카 대륙의 고원지대, 건기에 이르러 겨울을 보내고 있는 시기인지라 습도는 덜했지만 태양은 여전히 뜨거웠다. 대자연의 위력이 인간의 정신을 압도하고 우선순위에 대한 의식 자체를 위협하는, 이른바 '시간이 정지한 땅'이었다. 그와 같은 땅에서 안 선교사가 이루어가는 사역은 다시 시간이 흐르게 하고 역사와 문명의 힘을 살려내는 일이었다.

왜 그 이전에 아프리카에 사랑의 손길을 내민 사람이 없었겠는가? 쉽사리 알기로는 리빙스턴도 있고 슈바이처도 있다. 그러나 정부의 손길이 미치지 못하는 원시부족의 내부에서 이처럼 문명의 사각지대를 헐어내고 복음의 새 땅으로 바꾸어 나가는 일은, 개별적인 사랑의 실천을 넘어 인류공동체의 전혀 새로운 차원에 해당하는 것이었다.

그리고 그 배후에는 해외 선교의 열정에 불타는 한국교회와 성도들의 헌신이 숨어 있었다. 일찍이 1백 년 전에 아펜젤러와 언더우드 같은 선교사가 불모의 이 땅에 복음의 씨를 뿌렸던 그 사랑과 희생의 열매가 오늘날 이처럼 창대한 모습으로 자라난 것일진대, 우리에게는 이제 앞으로 감당해야 할 더 많은 선교 사역이 과제로 남아 있다 할 터이다.

서울이 여름 무더위의 한복판에 있던 8월, 우리 일행은 케냐의 무쿠타니를 출발하여 육로로 탄자니아를 향했다. 중간에 들른 암보셀리 공원이나 응고롱고로 사파리를 포함하여 20여 시간의 대장정을 덜덜거리는 중형버스로 움직였다. 때로는 광활한 대평원 저 멀리 산등성이의 붉은 낙조가 아름답게 펼쳐지고, 때로는 운무에 잠긴 킬리만자로의 정상이 아득하게 올려다보이는 이 땅에서, 헤밍웨이가 「킬리만자로의 눈」과 같은 걸작을 산출한 것은 어쩌면 당연한 일이 아니었겠는가?

탄자니아에는 역시 임마누엘 교회가 파송한 마문구 선교사의 사역이 펼쳐져 있었다. 그분은 본명이 '비아뭉구'로, 탄자니아 현지 출신이며 한국에서 신학과 선교 교육을 받고 탄자니아로 재 파송되었다. 거기에는 지금 다레스살렘, 도도마, 아루샤, 무완자 지역에 24개의 교회가 세워져서 활발한 선교 활동을 하고 있었다. 마 선교사는 그때 탄자니아 감리교회의 감독 역할을 수행하고 있었다.

일행은 다레스살렘 지역의 네 교회를 방문하고 케냐에서와 마찬가지로 의료봉사 활동을 벌였다. 그러면서 우리의 삶과 신앙, 그리고 우리의 절대자와 그 권능에 대해 다시 생각해보았다. 유한한 생명의 기간을 사는 동안에 어떤 것이 값있고 보람 있는 삶인가를, 그리고 어떻게 사는 것이 진정으로 하나님을 기쁘시게 해드리는 길인가를.

그러나 우리는 이 문제에 대해 서로 말하지 않았다. 다레스살렘 공항을 통해 이 검은 대륙을 떠나올 때 모두 자기 가슴속에 자기 나름의 해답을 안고 돌아왔을 뿐이다. 다시 가보고 싶은 땅, 다음 번에는 더 잘 준비해서 무엇인가를 더 나누어주고 오고 싶은 땅, 그 아프리카를 우리의 영혼 속에 깊이깊이 간직하면서.

때로는 광활한 대평원 저 멀리 산등성이의 붉은 낙조가 아름답게 펼쳐지고
때로는 운무에 잠긴 킬리만자로의 정상이 아득하게 올려다보이는 이 땅에서,
헤밍웨이가 「킬리만자로의 눈」과 같은 걸작을 산출한 것은
어쩌면 당연한 일이 아니었겠는가?

2.
백성 중에 모든 병과 약한 것을 고치시니

새로운 인술의 창조, 경희 동서신의학병원

서울 강동구 고덕지구에 자리한 경희대학교 동서신의학병원은, 이름 그대로 새로운 의료 영역과 가치를 추구하는 첨단 종합병원이다. 지금은 강동경희대학교병원으로 이름이 바뀌었다. '신개념의 메디컬 허브'라는 캐치프레이즈가 말해주듯이, 의과대학·한의과대학·치과대학 부속병원이 질환별로 새롭게 융합된 신의학을 창출하고, 그로써 21세기 의료서비스의 패러다임을 바꾸어나간다.

이렇게 말하고 나면 뭔지 모르게 어려운 설명이 되는 듯하나, 기실은 양방과 한방 등의 서로 다른 진료 시스템을 유기적으로 결합하여 '진료'가 중심이 아니라 '환자'가 중심인 병원을, 진료의 과정에 있어서도 '최선'을 다하지만 궁극적으로는 그 의료 협력을 통하여 환자를 깨끗하게 '완치'시키는 병원을 지향한다는 뜻이 되겠다.

이 병원은 필자의 모교이자 오래 교수로 몸 담고 있는 경희대학교가 오랜 양·한방 협진 시스템을 과학적이고 체계적으로 발전시켜온 성과를 집약한 의료공동체이다. 병원의 역사는 오래지 않으나, 거기에는 경희의 60여 년 역사와 경희의료원의 널리 알려진 명성이 기반을 이루고 있다. 개원 후 짧은 기간 안에 많은 환자들이 찾고 깊은 신뢰를 보이는 것이 이를 여실히 증명한다.

개교 60년에 이르러 4,800평의 대지에 본관동 지하 4층 지상 14층, 그리고 별관동 지하 5층 지상 3층의 규모에 800개의 병상 및 14실의 수술실, 그리고 11실의 회의실을 갖추었으며 한꺼번에 700대의 차량이 주차할 수 있는 시설을 보유하고 있다. 물론 이러한 외형적 사실보다 더 중요한 것은, 이 병원이 어떤 정신과 가치관을 담고 있으며 어떤 목표를 지향해 가느냐에 있을 터이다.

이 병원의 '신의학'은 동양사상과 서양사상의 만남, 동양의 정신문화와 서양의 물질문명의 조화를 의료 현실에 접목시킨 새로운 의료 개념과 영역을 표방한다. 이는 일찍이 '문화세계의 창조'를 교시校是로 내세웠던 경희학원 설립자 조영식 박사의 사상이요 세계관이기도 하다. 동양의학과 서양의학의 융합으로 만든 새로운 결합의학이며, 양·한방의 장점을 발양하여 이를 환자 치료에 최적의 상황으로 활용하는 새로운 의료기법의 이름이다.

질환별로 특화된 양·한방 협진 시스템의 동서협진센터, 통상적 진료 개념을 변혁하여 질환을 중심으로 모든 진료과가 하나의 센터 안에서 진료하는 원스탑 서비스의 의과대학병원, 경희대학교 한의

과대학의 전통을 계승하여 역시 질환 중심으로 조화된 특수클리닉의 한의과대학병원, 편리와 신뢰의 치과 서비스를 공여하는 치과대학병원 등은, 모두 글로벌 경쟁력을 갖춘 첨단 의료기기와 의료기술을 보여주는 병원의 모습들이다.

어느 누가, 언제 어디에서 이러한 새로운 병원의 모습을 꿈꾸며 준비하고 있었을까? 이는 확고한 동서 문명 및 그 융합의 날에 대한 사상과 의학적 실천 의지가 없었더라면 불가능한 일이었을 것이다. 그 중심에 60년 전 경희학원 설립자의 소망과 기도가 숨어 있었다면, 오늘의 이 웅혼한 병원은 참으로 오래 준비되고 디자인된 염원의 결정체인 셈이다.

그런 연유로 지금 이 병원을 움직이고 또 병원에서 봉사하는 모든 구성원들은, 단순히 첨단 의술을 자랑하는 병원의 근무자라는 생각을 넘어 세계사적 인식을 새로이 할 필요가 있다. 역사는 언제나 미래에 대한 굴절 없는 소망을 가진 자의 편이 아니던가.

사회와 국가와 세계를 위해 첨단 의술의 의료 봉사를 실천한다는 의지와 성과는, 기능적 실천에만 중점을 두어서는 안 된다. 이처럼 큰일을 행할 수 있는 힘은, 미상불 그 공동체 내부에 잠복해 있는 것이다. 동서 융합의 새로운 의료 체계를 계발하고 발전시키고 후대에 전수해나가는 일에, 병원 공동체 구성원들의 협동과 친절과 선한 소망 등의 미덕이 개재해 있지 않다면 그 결과는 그다지 기대할 것이 없다 해도 틀리지 않겠다.

어느 누가, 언제 어디에서
이러한 새로운 병원의 모습을
꿈꾸며 준비하고 있었을까?
이는 확고한 동서 문명 및 그 융합의 날에 대한
사상과 의학적 실천 의지가 없었더라면
불가능한 일이었을 것이다.

그래서 먼저 병원의 구성원들로부터 환자·보호자·지역주민 모두가 질병 없는 행복한 인류의 미래를 향해 마음으로부터 연대할 수 있는 청신한 기풍이 필요하다. 그러할 때 병원의 의료가 병만 고치는 것이 아니라 그 병을 담은 사람도 함께 고치는 차원에 도달할 것이다. 병원은 이 점에서도 차별화된 선진적 의식을 담보할 수 있어야 옳다.

세상의 모든 명의名醫는 언제나 인술仁術에서 출발했다. 복음서의 예수도 갈릴리에서 교육과 전도와 함께 '백성 중에 모든 병과 약한 것을 고치시는'(마 4:23) 치유를 사역의 근본으로 삼았다. 이 병원의 출중한 의료 시스템은 누구의 선물일까? 누가 이 공동체의 구성원들에게 거기서 일하며 백성들을 도우라고 했을까?

그러한 의문과 더불어 우리는 과연 무엇을 어떻게 해야 할까? 역사 속에서 많은 선현先賢들이 모범을 보여주었던 의료인의 참된 삶을, 우리 시대에는 어떻게 전개해나가야 할까? 이 의문에 정답을 내놓을 수 있을 때, 병원은 어떤 환경적 조건에도 흔들리지 않고 밝은 미래를 열어가는 반석 위에 서게 될 것이다.

사족처럼 덧붙여 밝혀두자면, 이 글은 2009년 필자가 경희대학교 개교60주년위원회 사무총장의 자격으로 쓴 것이다.

동양의학과 서양의학의 융합으로 만든
새로운 결합의학이며, 양·한방의 장점을 발양하여
이를 환자 치료에 최적의 상황으로
활용하는 새로운 의료기법의 이름이다.

3.
올곧은 믿음의
길이 있는 교회

　벌써 오래전의 일이다. 미국 교회에 교적敎籍을 두고 있던 우리 가족은, 이를 한국으로 옮겨야 할 상황에 이르러 여러 방향으로 탐구 중에 있었다. 그런데 샌프란시스코에서 오신 원로 작가 한 분이 100주년기념교회 주일예배에서 만나자고 전해왔다. 마침 그날이 창립예배 날이었고 그로부터 우리는 교회 창립 멤버가 되었다. 마치 어떤 보이지 않는 손길에 인도된 듯했다.
　오래 신앙생활을 한 교인은 쉽사리 교회를 정하거나 옮기기 어렵다. 100주년기념교회는 이러한 통상적 기준을 단숨에 뛰어넘는 영적 저력을 그 바탕에 숨기고 있다. 양화진 언덕에 역사적 유택幽宅을 가진 한국 기독교 처음 시절의 외국인 선교사 사적지인 것이 그러하다. 뿐만 아니라 교회가 가진 비전과 말씀과 제도가 그야말로 성경적이고 올곧은 지표가 된다는 확신을 공여하기에 그러하다.

선교 100주년을 넘긴 한국 교회가 향후 100년을, 그리고 그 이후를 어떻게 감당할 것인가를 질문하고 이에 구체적으로 대응하는 교회는 드물다. 역사의 교훈에서 미래의 행로를 찾는 일이기 때문이다. 교회가 이를 플래카드나 슬로건으로 감당할 수는 없다. 온전한 말씀을 통한 각성과 잘 제도화된 운영 프로그램이 그 대답이다. 이 교회는, 감히 단언하자면 그것을 가졌다.

교회의 담임목사는 주님의교회나 기독교 출판사 홍성사의 설립자로 널리 알려진 이재철 목사님이다. 한 낱의 췌언도 없이 말씀 그 자체가 품고 있는 가치와 은혜를 일깨움으로써, 달고 시원하고 은혜로운 샘물 같은 감동을 전한다. 이 시종여일의 설교는, 교인들의 자긍심을 일깨운다. 매 주일이 행복한 축복, 기쁨과 감사가 그 가운데 있다. 100주년기념교회는 그간 한국 교회가 하지 못한 여러 유형의 교회 제도와 운영의 개선을 시도하고 있다. 앞으로 100년의 역사는 이 곤고한 과정을 성경의 원론에 더 가까이 가려는 노력으로 평가할 것이다.

무엇보다 이 교회가 당면하고 있는 양화진의 유적을 지키고 선양하는 일은, 그것을 가로막는 난관들에 비추어볼 때 이 목사님의 표현처럼 '독립운동'에 가깝다. 이 선한 사명은 할 수도 있고 말 수도 있는 선택사항이 아니라 책임 있는 교회가 반드시 감당해야 할 의무사항에 해당한다. 우리 시대의 새 기독교 명소로 든든히 서 가는 양화진을 보며, 그 지킴이의 일원이라는 소명의식에 가슴 뜨거

● 양화진 언덕에 역사적 유택을 가진
한국 기독교 처음 시절의 외국인 선교사
사적지인 것이 그러하다.

운 '버들꽃나루 사람들'이 곧 이 믿음의 공동체이다.

다시 사족으로 덧붙여 밝혀두자면, 이 글은 필자가 '한국기독교선교 100주년기념교회' 장로의 자격으로 쓴 것이다.

4.
삶과 믿음과
문명비평의
큰 그림

고 이원설 박사님을 회고하며

세월이 흐르는 물과 같다더니, 이원설 총장님께서 우리 곁을 떠나가신 지가 벌써 10년 세월에 이르렀다. 사람마다 이 땅에서 그 생을 누리는 동안 각기의 빛깔로 족적을 남기는 터이지만, 이 총장님처럼 선명하고 깊이 있게 자신을 하나의 '역사'로 만든 분은 흔하지 않다. 당신은 아직도 당신을 그리워하는 많은 이들, 이 땅에 머무는 동안 의미 있는 삶의 접촉점을 형성했던 이들에게, 지울 수 없는 큰 그림자를 드리우고 있다. 여러 부문에 걸쳐 한 시대의 거인이었기 때문일까? 그렇기도 할 것이다. 하지만 이는 그 까닭의 작은 몫에 불과하다. 정작 큰 몫은 그 분이야말로 사람의 그릇이 크거나 그렇지 않거나, 지위가 높거나 그렇지 않거나를 막론하고 가슴을 열고 만날 수 있는 순후하고 온화한 인격자였기 때문이다.

1970년대 중반 대학에 입학하여 국어국문학과와 나란히 있는 사학과의 교수로서 당신의 함자를 알았다. 보다 더 친숙하기로는, 학보사 학생 기자로 일하면서 영어에 능통한 부총장이자 널리 알려진 문명비평 학자로서 당신의 명성을 들었다. 공적인 자리에서 뵐 때면, 늘 얼굴에 부드러운 미소가 어려 있었다. 어린 생각에도 저 표정은 많은 것을 이룬 이의 자긍심과 닮아있으리라 여겼다. 아주 나중에 다시 돌이켜 보니, 매우 철없는 눈으로 장엄한(?) 풍광의 한 면만 본 데 불과했었다. 참 멋있으셨다. 훤칠한 키와 희끗희끗 백발이 보이는 머리, 한 눈에도 '국제 신사'의 풍모가 약여했다. 게다가 체력이 약해졌다고 점심시간에 트레이닝 복으로 갈아입고 대운동장을 몇 바퀴 뛰기까지 하셨으니….

이 총장님을 모시고 직접 일을 함께 한 것은, 1983년 통일부 관련 '일천만이산가족재회추진위원회'가 발족하면서였다. 모교의 설립자 고 조영식 박사님께서 위원장을 맡으시면서 필자를 그 사무국에 과장으로 부르셨는데, 위원장 보좌역으로 모신 두 분이 이 총장님과 김찬규 교수님이셨다. 이 총장님이야 영어가 우리말보다 더 쉽고 국제적으로 발이 넓은 분이셨고, 김 교수님은 해양법에 저명한 국제법 학자셨으니, 유엔이나 국제인권연맹 등을 대상으로 하는 이 단체의 국제적 활동을 특히 염두에 둔 인선이었다. 이 총장님을 모시고 진행했던 여러 회의, 국내외 학술세미나 등의 장면들이 지금도 생생한 기억으로 남아 있다. 회의 운영에 관해서도 그때 배운 기법들이 지금껏 필자에게 값비싼 보화가 되었다.

특히 다채로운 기억의 그림 하나는, 국제기구의 손님을 모시고 경주를 갔던 일이다. 위원장 초청으로 '주 유엔 코스타리카 대사'를 지낸 '유엔 비정부기구NGO 의장' 에밀리아 드 바리쉬 여사가 한국에 왔다. 이분은 조영식 위원장님께서 발의한 '세계평화의 날'을 유엔이 통과시키도록 조력한 공로자였다. 바리쉬 의장 한 분을 모시기 위해 위원장 보좌역이셨던 이 총장님과 김 교수님 그리고 실무 지원자로서 필자가 동행했다. 참 좋은 여행이었고 화기애애한 가운데 많은 것을 배울 수 있는 산 학습체험이었다. 그 배면에는 모든 사람들을 두루 즐겁고 가치 있게 하는 이 총장님의 품성과 역량이 숨어 있었다. 젊은 날의 한 시기에 값을 치르고도 겪을 수 없는 교육 현장에 그 분을 모시고 있었던 셈이다.

이 총장님을 정말 성심을 다해 모신 분이 서청석 교수님이다. 이 분은 자신이 오래 모신 조영식 총장님께도 "조 총장님과 이 총장님을 꼭 같은 마음으로 존경한다"고 말씀 드릴 만큼 그 생각을 숨기지 않았다. 겉과 속, 처음과 끝이 한결같은 자신의 성정 그대로 끝까지 이 총장님에 대한 처음의 마음을 허물지 않았다. 우리 딸아이가 돌을 맞았을 때, 서 교수님의 주선으로 이 총장님 내외분과 대학 비서실 직원들이 우리 집에서 축하모임을 했다. 작고 외진 연립주택이었다. 참 따뜻한 분위기 속에서 교회 장로님이신 이 총장님께서 대표기도를 해주셨다. 아이의 장래를 축복한 그 때의 기도 말씀을 아직도 잊지 못한다. 신앙인으로서도 이 분은 일가를 이루셨으니, 다복이 따로 없겠다.

고향이 황해도이시기에 단순한 월남 실향민인 줄 알았는데, 단신으로 사선을 넘어 오셨고 그 와중에서 하나님의 은혜로 살아남은 분이었다. 그래서인지 그 분의 믿음은 곁에서 보기만으로도 은혜로웠다. 문예비평에 관한 많은 수발한 저술이 국·영문 본으로 상재되었고 기독교 신앙에 관한 실증적인 책들도 많아, '신언서판' 어느 대목에서도 결함을 찾기 힘든 분이다. 조금 강조해서 말하자면, 삶과 학문과 신앙 모두에 걸쳐 1백년 내에 보기 드문 수범 사례에 해당한다. 이 분이 설립한 '기독교리더십연구원'은 설립자가 가신 지 10년이 지났건만 여전히 활동을 계속하고 있다. 필자는 이 연구원에서 연구위원의 말석에 참여했고, 연구원 간행 시리즈로 『기독교 문학의 발견』이란 소책자를 내기도 했다.

생전의 이 총장님은 여러 사람들 앞에서 필자를 볼 때마다, '고등학교 때부터 300편의 시를 외운 자랑스러운 청년'이라고 칭찬하고 격려하셨다. 세월이 한참 지나고 보니 그러한 칭찬은 단순히 시를 외는 기량을 가졌다고 해서가 아니라, 한 인간의 지금과 나중을 함께 바라보며 성실을 다해 살 것을 요망하는 넓고 큰마음의 표현이었다. 그렇게 이 분은 많은 사람들을 북돋우셨고 또 그 손길이 강력한 설득력을 가질 만큼 스스로의 삶을 운용하고 관리하는 데도 모범답안이었다. 한남대학교 총장으로 계시는 동안 이 대학의 채플 강의에 다녀온 필자는, 한 시대 지성적 신앙인의 표본으로 이 땅에 이 총장님을 보내신 하나님의 계획에 대해 깊이 숙고하곤 했다.

유명을 달리하신 지 벌써 10년, 만약 아직 수를 다하지 않으셨으면 87세의 연륜이다. 오늘날 나이의 셈법으로는 충분히 활동할 수 있는 연한이니, 마음 아프고 안타깝지 않을 수 없다. 생전에 함께 이 총장님을 모시던 10년 아래의 이석우 교수님도 벌써 가시고 보니, 서두에 말한 '세월여유수歲月如流水'의 의미가 그다지 멀리 있는 것이 아니다. 그러나 여기서 예거한 분들이 모두 '천국의 소망'을 가졌기에, 언젠가 저 높은 영의 세계에서 반갑게 다시 만날 날이 있을 것으로 믿는다. 한 시대의 증인인 실향민으로서, 자기세대의 의미망을 가로지른 역사학자로서, 또 굳건한 믿음을 삶의 현장에 시현한 기독교인으로서, 당신은 큰 물결이요 큰 나무요 큰 사람이었다. 10년이 지나도록 여일하게 당신을 잊지 못하고 기리며 그리워하는 연유다.

모두 '천국의 소망'을 가졌기에,
언젠가 저 높은 영의 세계에서 반갑게
다시 만날 날이 있을 것으로 믿는다.

5.
기도의
약속

사랑하는 딸 민주에게.

민주야, 매우 늦은 밤이다. 탁상 위의 시계는 두 시가 넘었음을 가리키고 있고, 창밖에는 막바지 겨울바람이 윙윙 소리를 내며 날카로이 날을 세우고 있구나. 밀린 원고를 쓰느라 책상 앞에 앉아 있다가, 아빠는 이제 날이 밝으면 중학교에 입학할 민주를 생각하면서 잠시 숨을 돌리며 생각에 잠겼단다.

무엇보다도 먼저 하나님께 감사드려야겠다. 유치원을 거쳐 초등학교 6년을 무사히 마치게 하시고, 어린이의 시절을 지나 청소년의 연령에 이르기까지 밝고 맑고 건강하게 자라게 해 주셨으니 이보다 더 감사한 일이 있겠느냐.

지난번 졸업식에도 아빠는 허겁지겁 겨우 시간을 대어 갔었구

나. 그래도 민주가 한 아름의 꽃다발 속에 묻혀서 어린이 상과 반
장을 지낸 임원 상을 내밀었을 때, 아빠는 마치 스스로 그 상을 받
은 것처럼 기쁘고 또 대견스러웠다. 그러나 늘 시간에 쫓기며 사는
아빠는 막상 민주에게 초등학교를 졸업할 때까지 크게 해 준 것이
없는 것 같아 지금도 마음 한 구석이 아프기만 하구나.

아빠가 자란 시골의 초등학교는 무더운 여름이나 추운 겨울에도
십리 길을 걸어 다녀야 하는 곳이었다. 힘들기는 했지만 철따라 길
섶의 이름 모를 들꽃이나 신기한 소리를 내는 풀벌레들과 친숙히
지내면서, 순정하고 다채로운 감성을 가꿀 수 있었으니 오히려 좋
은 점이 많았던 셈이다. 아빠가 오늘날 국문학자가 된 것도 그러한
어린 날의 체험과 상관이 있다 해야 옳겠다.

그런데 그 가운데서 음악이나 미술과 같은 예능의 소질, 특히 정
확한 음감이나 올바른 발성과 같은 부분에 있어서는 도무지 기초
를 잡지 못해서 지금까지 고생하고 있지 않겠니. 심지어 네가 어렸
을 때 엄마는 아빠더러 너와 함께 노래하는 것을 금지하곤 했었다.
그러면 민주의 음악성이 길을 잘못 든다는 것이었다.

더 절실한 것은 어린 날에 영남 유림의 전통적인 학문과 예의범
절의 분위기 속에 자란 아빠에게, 주님을 접할 기회가 주어지기란
도무지 불가능한 일이었다는 점이다. 교회도 멀리 떨어진 마을에
하나가 있을 뿐, 어쩌다 멋모르고 거기 한번 가보겠다고 어른들
께 말씀드렸다간 영문도 모르고 혼이 나기 십상이었단다.

그래서 아빠는 청년의 날에 주님을 알지 못했고 인간적인 판단과 의지를 앞세우며 살아올 수밖에 없었는데, 엄마와 결혼하고서 5년을 버틴 다음에야 주님께 나아오게 되었구나. 그런 연유로 민주가 유아세례를 받지 못했고 지금도 아빠는 그 일이 네게 미안하기 그지없다. 성룡이는 그래도 아빠가 세례 받는 날 함께 세례를 받을 수 있었으니 그것만이라도 다행이라 하겠다. 이제 네가 중학생이 되었으니 지각세례를 경건히 준비해야겠구나.

지난번 학생초청성회에 민주가 새벽·낮·밤 예배 할 것 없이 말씀이 좋다고 재미있어 하며 빠지지 않고 열심히 참석하는 것을 보고 너무도 감사하게 생각했단다. 다른 아이들이 학원 가느라 빠질 때, 하나님이 먼저라고 교회 가방을 메고 나서는 너를 보고 아빠는 또 하나님께 감사할 수밖에 없었다.

민주야. 이제 중학생이 되고 고등학생이 되고 대학생이 되고 또 어른이 되기까지, 아빠가 네게 해줄 수 있는 것은 결국 한계가 있을 것 같구나. 너는 아빠와 엄마의 딸이기에 앞서 하나님께서 사랑하시는 자녀이며, 하나님의 주관 아래에 있기 때문에 그러하단다.

그래서 아빠는 민주를 위해 하나님께 더 많이 기도하기를 작정해 본다. 그렇게 하기로 약속하마. 그동안 사랑받는 딸, 온유한 딸, 지혜로운 딸이 되게 해달라고 기도해왔는데 이제 중학생이 되었으니 더 많은 항목이 기도의 내용에 추가되어야 할 것 같다.

사랑하는 민주야. 아직도 밖에는 거센 밤바람이 창틀을 두들기

아직도 밖에는 거센 밤바람이 창틀을 두들기고 있다.
조금 전에 들여다보았더니 네가 잘 자고 있더구나.

고 있다. 조금 전에 들여다보았더니 네가 잘 자고 있더구나. 평안한 밤이 되기를, 그리하여 새 아침엔 더 밝은 얼굴이기를, 그리고 언제나 주님이 너와 함께 하시기를...

1996년 3월 첫날, 아빠가.

6.
아직 연약한
네 날개를 위하여

 세월이 흐르는 물과 같다더니, 사랑하는 아들 성룡아, 네가 중학생이 된 지도 벌써 한 학기가 지났구나. 그래서 옛 시 구절에서는 "뜰 앞 연못에 봄풀은 채 꿈을 깨지도 못했는데 계단 앞의 오동나무 잎은 가을소리를 내며 떨어진다"고 했던 것이로구나.
 3년 전 누나가 중학교에 들어갔을 때 아빠는 밤을 밝히며 누나에게 편지를 썼었다. '기도의 약속'이란 제목으로, 더 넓은 세상을 향해 새로이 날개를 펼치는 누나를 위해 계속해서 기도하겠다는 약속의 글이었다. 이제 다시 성룡이에게 편지를 쓰기 시작하면서, 아직은 연약한 네 날개, 그러나 나중에는 저 광활한 세상을 향해 창대하게 펼치고 나가야 할 네 날개를 위해 아빠가 다짐해야 할 것이 무엇인가를 점검해보려 한다.
 돌이켜보면 아빠는 성룡이로 인하여 하나님께 감사할 일이 너

저 광활한 세상을 향해 창대하게
펼치고 나가야 할 네 날개를 위해
아빠가 다짐해야 할 것이 무엇인가를
점검해보려 한다.

무도 많았다. 네가 하나님의 선물로 이 세상에 오면서 그로 인해 아빠가 예수님을 알게 되었고, 네가 어린 날에 밤잠을 못 자고 우는 날에 그로 인해 아빠의 신앙이 자랐었다. 아빠가 믿음의 백성이 되고 세례를 받은 바로 그날 그 자리에서 다시 너를 안고 나가 네게 유아세례를 받도록 했으니, 우리는 한날 한시에 세례를 받은 부자간이로구나.
　자라면서 너는 늘 좋은 아이였다. 어렸을 때 자다가 깨면 그 맑은 눈으로 생글생글 웃기부터 했다. 너는 생각이 깊고 책을 좋아하는 아이였다. 그래서 아빠는 가능하면 너의 그러한 장점을 복돋워주고 싶었다.
　사랑하는 성룡아, 기억이 나니? 우리 가족이 자동차로 먼 거리를 움직일 때면 언제나 차 안에서 누나와 함께 낱말 이어가기, 속담과 격언 알아맞히기, 한자성어 찾기 등의 놀이를 했던 것 말이다. 아

영국의 시인 셸리의 표현처럼,
겨울이 오면 봄 또한 멀지 않은 터이니
너무 걱정하지 말아라.
우리의 등 뒤에는 하나님이 계시지 않니?

빠로서는 그것이 저 옛날 희랍의 철학자들이 그랬던 것처럼 대화로 공부하고 세상을 익히는 하나의 방법이며, 너희들의 장점인 인문적 상상력을 풍부하게 해줄 것으로 믿었던 것이다.

무엇보다도 기쁜 것은, 성룡아, 네가 있어 집안에 아빠의 건실한 남자친구 한 명이 버티고 있다는 사실이다. 그동안 가벼운 놀이 친구였던 네가, 이제는 몸도 마음도 자라 때때로 아빠를 놀래키곤 하는 명실상부한 친구가 되었으니, 아빠는 참으로 행복하다.

사랑하는 성룡아, 지난해부터 우리 집에 닥친 어려움을 그래도 너와 누나가 이해하고 오히려 가장 힘들어하는 엄마를 걱정하면서 잘 참아주어 정말 고맙구나. 그러나 영국의 시인 셸리의 표현처럼, 겨울이 오면 봄 또한 멀지 않은 터이니 너무 걱정하지 말아라. 우리의 등 뒤에는 하나님이 계시지 않니?

네가 교복과 교과서를 준비하고 중학교 갈 채비를 하는 것을 보고, 아빠는 다시 너를 위한 몇 가지 기도의 제목을 가다듬었었다. 그리고 네게 당부하고 싶은 말들도 간추려 보았었다.

열심히 공부해라. 사람은 자기가 아는 것만큼 이상을 이해하기 힘든 법이다. 인격적인 사람이 되어라. 스스로 좋은 품성을 가꾸어야 좋은 친구들, 좋은 선생님을 만나게 된다. 항상 건강한 몸과 마음을 지켜야 남을 먼저 배려할 수 있다. 그리고 어디서나 유머감각을 잃지 않는 사람이 되었으면 좋겠다. 그런데 이 모든 것을 가능하게 하는 열쇠가 바로 '믿음'임을 잊지 말아라. 너를 위한 아빠의 오랜 세 가지 기도 제목 가운데 첫째가 바로 '믿음의 사람'이란다. 사랑하는 아들아! 너를 위한 기도를 쉬지 않겠다. 너를 가까이서 지켜보며 사랑하고 대화하는 후원자의 자리, 아빠는 언제나 거기 있겠다. 네 청년의 날이 시작되는 이때로부터, 전도서의 말씀처럼, 네 창조주 하나님을 기억하는 사람이 되기를 바란다. 너를 사랑한다.

우리 아들을 사랑하는 아빠가 쓴다.

1999년 7월, 아빠가.

7.
나의 문학
나의 신앙

모든 것을 아신다, 그러나 기다리신다

작가 이병주를 회고하며

1992년에 타계한 이병주라는 작가는, 당대의 한국문학에 보기 드문 면모를 남긴 인물이었다. 1921년 경남 하동에서 출생하여 일본 메이지 대학 문예과에서 수학했으며, 진주농대와 해인대학 교수를 역임하고 국제신보 주필 및 편집국장을 지냈다.

필자는 그의 데뷔작을 비롯한 초기 단편들을 통하여 이국적 정서의 수용과 수미상관한 마무리 기법을 보았고, 시대적인 사실을 소재로 한 장편 및 대하소설에서 역사를 보는 문학의 시각과 문학 속에 변용된 역사의 의미를 건어올릴 수 있었다.

특히 역사와 문학의 상관성에 대한 그의 통찰은 남다른 데가 있어, 역사의 그물로 포획할 수 없는 삶의 진실을 문학이 표현한다는 확고한 시각을 정립해놓았다. 어느 날 그를 만난 필자가 '역사적 기록의 신빙성에 대해 어떻게 생각하느냐'는 선문답류의 질문을 던졌을 때, 그는 서슴없이 '역사란 믿을 수 없는 것'이라고 답변한 적도 있었다. 표면상의 기록으로 나타난 사실과 통계수치로서는, 파란만장한 시대적 삶의 실상과 그 가운데 스며 있는 사람들의 뼈아픈 사연들을 반영할 수 없다는 논리이다.

그런데 『관부연락선』, 『산하』, 『지리산』 등 그가 남긴 유수의 작품들에도 불구하고, 당대 문단에서 그의 세계를 정석적인 작가론으로 평가해주지 않는 데는 또 그 나름의 사유가 있다. 현대사회의 애정 문제를 소설로 쓰면서 지나치게 대중적 성격이 강화되고, 심지어는 글과 금전의 관계에 대한 경각심에 소홀하여 매문작가라는 비난을 받기에까지 이르렀기 때문이다. 실제로 그의 소설을 거의 빠짐없이 읽어온 문학평론가로서 필자도, 1백 수십 편의 비평문을 발표하는 동안 단 한 차례도 그에 관한 본격적인 글을 쓰지 않았다.

한 세대를 격한 연령의 차이로 인해 별다른 교분은 없었지만, 매스컴을 통해 그의 부음을 접했을 때의 느낌은 매우 처연한 것이었다. 마치 가까운 친지가 유명을 달리했을 때처럼 가슴 한 구석이 쓰라려왔으니, 필자는 정신적인 차원에 있어 그의 의식세계와 적잖이 지근한 자리에 있었던 셈이다.

그를 보내고 나서 돌이켜보니, 지울 길 없는 두 가닥의 아쉬움이 새삼스레 되살아난다. 먼저는 그의 문필과 더불어 더욱 유장한 경계를 열 수도 있었던 우리 문학의 전망에 관해서이다. 극적인 재미와 박진감 넘치는 이야기의 구성, 등장인물의 생동력과 장쾌한 스케일은 그에게 부여된 '한국의 발자크'라는 별호가 결코 허명이 아님을 증거해주었다. 다만 정규적인 문학수업이나 훈련 없이 자력으로 체득한 문학의 생리가, 그에게서 순수문학에의 지구력 및 자기 절제를 쉽사리 허물었을 가능성이 크다.

다음으로 그의 소설 처처에서 드러나는 사상성이 일정한 깊이까지 심화되지 못하고 도중하차한 사정에 관해서이다. 만약 그에게 종교적 체험의 축적과 신성을 향한 정돈된 열정이 내재해 있었다면 어떨까? 서구문학에 있어서 불후의 고전으로 인정되고 있는 밀턴의 『실락원』이나 톨스토이의 『부활』이 그 바탕에 강렬한 기독교적 메시지를 포괄하고 있음을 환기해보면 어떨까?

물론 이병주는 이 결정론적 논법에 동의하지 않을지 모른다. 그러나 심오한 사상이란, 인간의 유한한 사유에서가 아니라 절대자의 은혜로운 선물로 주어져야 가능한 것이다. 이는 선포되는 것이지 설명되는 것이 아니다.

이 쉽고도 어려운 이치를 깨우친 작가의 겸손이야말로, 진실로 한 작가를 거장으로 성장케 하는 추동력이 되지 않을까? 이병주를 회고하는 쓸쓸한 심사의 뒤끝에서 필자가 얻었던 작은 결론이다.

참으며 준비하며 기다리는 삶

바로 그 이병주가 자신의 감옥 체험을 소설로 쓴 작품이 여럿 있지만, 그 가운데 단행본 두 권 분량으로 된 장편소설로 『풍설』이란 것이 있다. 이 소설 속에서 그는 미국의 단편소설 「발자욱 소리」에 대해 매우 주의 깊게 언급하고 있다. 「발자욱 소리」는 진실이 진실로서의 의의와 보람을 갖기 위해서 깊고도 기막힌 고통을 동반한다는 하나의 예를 제시한 작품이다.

지폐를 쓰지 않고 금화를 쓸 무렵이었으니까 1세기 정도 전쯤의 얘기일까? 장소는 미국의 동부 해안에 있는 조그마한 항구. 부두에서 직선으로 5백 미터 들어간 길에 장님 노인이 운영하는 구둣방이 있었다.

구둣방 가게는 길에 면해 있고 살림집은 가게 뒤쪽에 있는 2층 건물이었다. 아래층엔 노인과 스무 살 되는 아들이 살고 위층엔 그 지방 유일한 은행의 은행원인 청년이 세 들어 살았다. 노인은 장님이면서도 구두를 만들고 고치는 기술이 월등했을 뿐 아니라 쾌활하고 말솜씨가 좋았기 때문에, 가게는 언제나 근처의 청년들이 놀러 와서 유쾌한 사교장을 이루고 있었다.

그런데 노인의 한 가지 결점은 자기 아들을 너무 방임하는 것이었다. 아들은 스무 살이나 되었으면서도 할 일 없이 놀기만 하고 아버지에게서 돈을 얻어 썼다. 사람들은 노인에게 아들을 비난하여 지금 버릇을 고쳐야 한다고 충고하곤 했다. 그러나 노인은 그럴 때마다 아들이 어려서 어미를 잃고 불쌍하게 자라서 그렇다며, 지금 놀고는 있어도 마음씨는 착하다고 변명했다.

그러던 어느 하루, 노인의 아들이 은행원을 때려죽이고 위층 셋집에 불을 지른 다음, 그 은행원이 은행에서 가져다 둔 금화 자루를 훔쳐서 달아났다. 시체의 얼굴과 몸은 형체를 남기지 않을 정도로 타버렸고 다만 타다 남은 옷을 보고 은행원임을 알 수 있을 정도였다.

그로부터 노인의 가게는 폐허가 되었다. 아들에 대한 비난이 노인에 대한 비난으로 바뀌어, 노인은 주위로부터 완전히 소외되었다. 노인은 가게에서 기거하며 망치로 가죽 끈을 다리는 일을 계속했다. 그러면서 노인은 늘 가게 밖의 발자욱 소리를 듣고 있었다.

노인이 그렇게 사는 세월이 10년을 넘겼다. 낮이면 망치를 휘둘러 가죽을 다듬고 밤이면 가게 안에 불을 휘황하게 켜놓고 홀로 앉아 귀를 기울이고 있었다. 가끔 혼잣말을 할 때도 있었다. '나타날 때가 되었는데….'

그런데 어느 날 밤 노인의 귀가 번쩍했다. 어떤 발자욱 소리가 들리더니 차츰 가까워오는 것이었다. 노인은 벌써부터 출입문에다 닫히면 열리지 않는 장치를 해 두었었다.

"영감님 안녕하시오?" 발자욱 소리는 문을 밀고 물었다. "거 뉘시오? 가까이로 오시오." 노인은 무관심한 척 말했다. 그가 방 안으로 들어서는 기척이 있자 노인은 문을 잠그고 불부터 껐다. 들어온 자는 급히 도망하려 했으나 문이 열리지 않았고 어둠 속에서 10년 동안 망치를 휘두르며 반력을 강화해놓은 노인의 힘에 당적할 수 없었다.

노인은 발자욱 소리의 사내를 쓰러뜨리고 그를 밟고 서서 사람들이 나타나길 기다렸다. 언제나 밤새 불이 휘황하게 밝혀져 있던 가게에 불이 꺼져 있자, 사람들은 혹시 노인이 죽은 것이나 아닐까 하고 들여다보았다.

"어떻게 된 일이오?" 이웃 사람들이 물었다. 노인은 말했다. "여러분, 불을 켜 주시오. 지금 내가 밟고 서 있는 놈의 얼굴을 봐 주시오. 이 놈이 내 아들을 죽인 놈이오."

노인은 10년 전 죽은 사람이 아들인 줄 알았지만 어쩔 도리가 없었던 것이다. 죄지은 자는 반드시 범죄의 현장으로 와 본다는 말을 믿고 10년을 참으며 준비하며 기다렸던 노인의 그 집념, 그 슬픈 집념이 있고서야 진실은 진실의 얼굴을 드러낼 수 있었던 터이다. 노인은 덧붙여 말했다. "내 아들은 철이 들지 않았지만 나쁜 놈은 아니었소."

세상을 사는데, 더욱이 하나님을 향한 신앙을 가슴속에 품고 세상을 사는데도 진실이 진실로 소통되지 않는 경우가 어쩌면 이렇게 많을까? 노인은 죄인이 아니었으나 아들의 죄를 둘러쓰고 쉽사리 죄인이 되었던 것인데, 어느덧 사람들은 그것을 노인의 죄로 알고 있었다. 누가 있어 그 노인의 것과 같은 아픔과 슬픔을 알겠는가?

참으며 준비하며 기다릴 세월이 얼마인지 모든 것을 아시는 주님은 아신다. 그리고 우리 삶의 고통스러운 그 현장에서 우리가 깨닫고 승리하고 일어설 때까지 우리와 함께 기다리신다. 주님은 바로 그러한 '우리'를 위하여 이 땅에 오셨기 때문이다.

하나님 중심주의의 새 길

IMF 한파가 몰아치기 시작한 지 채 1년이 안 되었는데도, 우리 삶의 공동체는 아득한 침윤의 나락으로 떨어져내렸다. 그동안 새로운 중간계급을 형성했던 화이트칼라들의 추락으로 중산층이란 개념 자체가 무력화되고 '부익부 빈익빈' 사태가 한껏 심화되는 기막힌 현실이 눈앞에 전개되고 있는 형편이다.

기실 필자는 이 모든 사태가 필자 자신과 큰 상관관계가 없는 것으로 알았다. 대학 교수요 문학평론가로서, 비교적 안정된 환경조건 중에 살고 있었으며 책을 읽고 글을 쓰는 것이 주된 일이었으니 그럴 수밖에 없기도 했었다.

그러나 평온한 날에 겉으로 드러나 보이지 않던 함정은 너무도 가까이에 있었다. 지난 3월 그 예기치 못했던 사태에 대해 한 차례 글을 썼던 적이 있지만, 그로부터 몇 달을 지내오는 동안 그 쓰디쓴 체험이란 이를테면 필설로 다 표현할 수 없는 것이었다.

가까운 사람의 보증을 섰다가 그가 부도나서 주저앉고 또 증발하는 바람에 그의 짐을 모두 걸머지지 않을 수 없었고, 동시에 금융기관이나 돈을 빌려준 사람들에게 당한 고통과 모욕을 어찌 다 설명할 수 있겠는가? 더욱이 단 한 푼도 내 손에 들고 써보지도 못한 돈인데도 말이다.

정말 인생이 무엇인지 새롭게 맞부딪치는 느낌이었다. 아무리 날씨가 좋은 날에 맑은 날에 먼 길을 걸어서 주막에 이른 손님보다 폭풍우 속에서 비바람을 헤치고 온 손님이 더 따뜻하게 영접받는 법이라 하지만, 순간순간 모든 것을 떨치고 숨어버렸으면 싶은 적이 한두 번이 아니었다.

단언하거니와, 만약에 나와 우리 집 한 집사가 기독교인이 아니었더라면, 우리가 전심전력으로 기도하며 하나님의 사랑을 힘입지 아니하였더라면, 또 선한 사마리아인처럼 가까이 있는 믿음의 사람들이 따뜻하게 부축해주지 아니하였더라면, 우리의 연약한 삶이 이 땅에 남아 있기 어려웠을 것이다.

필자에게 이 문제가 시발된 지 8개월, 그 어둡고 긴 터널 같은 기간을 지나 이제 급한 한 고비를 넘겨놓고 호흡을 가다듬으며 내 삶의 본질적인 문제를 주의 깊게 생각해본다.

먼저 시간과 세월에 관한 것이다. 40대 중반, 이제는 살아갈 날이 살아온 날보다 짧다. 참으로 시간을 아끼지 않으면 안 되겠다. 그래도 50대가 아닌 40대에 이와 같은 시련을 주신 하나님께 감사한다.

다음으로 이 수렁과 질곡을 벗어날 길에 대해서이다. 부채의 규모가 너무 커서 나의 정상적인 수입과 능력으로는 갚을 길이 막연하다. 요컨대 하나님의 도우심을 간구할 수밖에 없다. 그분은 우리

물론 이병주는 이 결정론적 논법에
동의하지 않을지 모른다. 그러나 심오한 사상이란,
인간의 유한한 사유에서가 아니라
절대자의 은혜로운 선물로 주어져야
가능한 것이다. 이는 선포되는 것이지
설명되는 것이 아니다.

의 계산기를 넘어서는 산술을 운용하시는 분이므로, 먼저 그분의 산술에 합격할 수 있는 믿음을 갖추면서 끊임없이 기도할 수밖에 없다. 하나님의 권능을 힘입자면 하나님 중심주의, 하나님 제일주의로 사는 삶이 우선해야 하리라.

 동시에 내게 이 치열한 고통을 부하하신 하나님의 뜻에 대해 보다 깊이 생각해보려 한다. 이 일을 통하여 확실하게 얻은 것 하나는, 나와 비슷한 고난을 겪고 있는 사람들에 대한 이해이다.

 하루에도 5천 명 가까운 사람이 느닷없는 실직자가 되어 거리로 쫓겨 나가고, 성실하게 사업을 잘하던 기업가가 주변 환경의 변화로 인하여 어처구니없이 몰락하는 마당에, 이만 한 고통의 실질적 체험이 없이는 결코 그들을 깊이 있게 이해할 수 없다. 그렇다! 이

그 어둡고 긴 터널 같은 기간을 지나
이제 급한 한 고비를 넘겨놓고 호흡을 가다듬으며
내 삶의 본질적인 문제를 주의 깊게 생각해본다.

것은 이해만으로 끝날 일이 아니다. 한 사람의 기독교인으로서, 나는 내 주변의 그들을 위해 기도하고 권면하고 위로하고 신앙으로 이끌어야 할 책임이 없다 할 수 없다.

마지막으로 이런 일들을 한 모퉁이에서 감당해나가기 위해선 내 스스로 신앙으로 바로 서지 않으면 안 될 줄 안다. 베드로와 요한은 성전 미문의 앉은뱅이를 향하여 "은과 금은 내게 없거니와 내게 있는 것으로 네게 주노니 곧 나사렛 예수 그리스도의 이름으로 걸으라"(행 3:6)고 담대하게 말했는데, 이 고난의 과정을 통하여 내게도 그것을 조금이라도 닮은 참 신앙이 있게 되었으면 좋겠다.

그리하여 부족하지만 성의와 열심을 가진 나의 신앙과, 또 일생의 업으로 삼고 있는 내 인간 사랑의 문학으로 하나님이 내게 원하시는 작은 일들을 감당해나갈 수 있기를 소망한다. 이 작은 일들을 외면한 채 내 길만 찾는다면, 오늘날 나와 내 집에 닥친 이 환난에 무슨 의미가 있겠는가?

작가 이병주에 대한 아쉬움을 하나의 거울로 삼고, 소설 「발자욱 소리」의 참고 준비하고 기다리는 이야기를 또 하나의 거울로 삼으며, 이 두서없는 글을 쓰는 동안 다시금 내 삶과 문학과 신앙에 대해 생각해본다.

하나님, 올바른 길을 일러주시고 그 길로 갈 수 있도록 인도해주시옵소서! 내가 주를 사랑하나이다.